高校户外运动类课程教学实践研究

◎胡伟涛 丁增辉 著

湘潭大学出版社
XIANGTAN UNIVERSITY PRESS

图书在版编目（CIP）数据

高校户外运动类课程教学实践研究 / 胡伟涛，丁增辉著. -- 湘潭 : 湘潭大学出版社，2024. 7. -- ISBN 978-7-5687-1460-0

Ⅰ. G807.4

中国国家版本馆 CIP 数据核字第 2024RE5954 号

高校户外运动类课程教学实践研究

GAOXIAO HUWAI YUNDONG LEI KECHENG JIAOXUE SHIJIAN YANJIU

胡伟涛 丁增辉 著

责任编辑：刘文情
封面设计：张 波
出版发行：湘潭大学出版社
社　　址：湖南省湘潭大学工程训练大楼
电　　话：0731-58298960 0731-58298966（传真）
邮　　编：411105
网　　址：http://press.xtu.edu.cn/
印　　刷：长沙鸿和印务有限公司
经　　销：湖南省新华书店
开　　本：710 mm×1000 mm 1/16
印　　张：11
字　　数：203 千字
版　　次：2024 年 7 月第 1 版
印　　次：2024 年 7 月第 1 次印刷
书　　号：ISBN 978-7-5687-1460-0
定　　价：60.00 元

书籍出版基金支持：

中央高校基本科研业务费专项资金（人文社科类）项目，项目编号：300102140636

前　言

随着社会的持续发展以及教育理念的不断升级，高校教育正处于一场深刻的变革与创新之中。这一变革的推动力源于对学生综合素质培养的日益迫切需求，以及对传统教育方式的挑战。在这个不断演进的背景下，户外运动作为一种独特的体验式学习方式，逐渐引起了高等教育领域的广泛关注。

随着对户外运动教育潜力的深入挖掘，高校纷纷致力于在课程设置和教育理念中融入户外运动元素，这种趋势不仅是对传统教育的一种有益补充，更是对学生个体发展的有力支持。当前，拓展训练、定向运动、攀岩运动等户外运动在高校中备受青睐，本书以这些具有代表性的课程为蓝本，深入探讨高校户外运动类课程的深层理论基础及其实践创新路径，旨在为高校教育提供坚实有力的理论指导与丰富的实践经验。

第一章“高校户外运动类课程概述”探讨户外运动的基本知识，高校户外运动类课程开设的必要性、教育的理论基础、选修条件与准备。通过深入了解户外运动及高校户外运动类课程的相关知识，将为后续章节的研究提供坚实的理论基础。

第二章“高校户外运动类课程的计划、组织管理与安全体系”探讨高校户外运动类课程计划的制定，对高校户外运动类课程教学的组织与管理、高校户外运动类课程的安全体系构建进行解析，为课程开展提供保障。

第三章“高校户外运动类课程设计、教育模式与资源开发”关注高校户外运动类课程的设计、体验式教育模式以及资源开发。这些方面的研究将有助于提高课程的实效性和吸引力，确保学生能够充分参与并从中获益。

第四章至第六章分别聚焦于高校拓展训练课程、定向运动课程和攀岩运动课程的教学实践。这些章节将深入研究每种户外运动的项目特性、理论基础、组织实施和安全保障，为高校体育教育提供翔实的教学指南。

本书内容全面，层次清晰，理论与实践相结合，实用性强，适合高校体育教育专业师生、社会户外运动爱好者等相关人士参考使用，希望为高校户外运动类课程的优化与创新提供理论支持，促进学生身心健康、领导力和团队协作能力的全面发展。

笔者在本书的写作过程中，得到了许多专家学者的帮助和指导，在此表示诚挚的谢意。由于笔者水平有限，加之时间仓促，书中所涉及的内容难免有疏漏之处，希望各位读者多提宝贵意见，以便笔者进一步修改，使之更加完善。

目 录

第一章 高校户外运动类课程概述

第一节 户外运动简述

一、户外运动的定义

广义的户外运动是在非人工的自然环境中进行的以健身、休闲、娱乐、观光等为目的的空间活动，比如户外打球、晨练，甚至散步。狭义的户外运动是人们在自然环境中进行的，以休闲健身为目的的运动项目的统称。

许多户外运动具有探险性，属于极限和亚极限运动，有很大的挑战性和刺激性。极限运动是指难度大、挑战性高的运动项目。如登珠峰、翼装飞行、自由深潜、自由攀岩、岩崖速降、跑酷等运动项目。

二、户外运动的特点

从环境、规则、目的三个角度来看，户外运动主要有以下三大特点：第一，户外运动需要借助和依托自然环境。这里的自然环境包括自然场地和人工非运动目的的建筑物，对于户外运动来说，这是自然存在的状态，即排除了室外专门的人工运动场地。第二，户外运动遵从运动项目原有的基础规则。体育规则是体育运动中大家共同遵守的具体规定。比如得分规则、处罚规则、动作规则、晋级规则，等等。户外运动项目也有相应规则，可以记录成绩。第三，户外运动的目的是休闲健身，而不是竞技比赛。人们在户外运动中挑战的是自我本身。

三、户外运动的分类

户外运动大概可以分为以下七类：

①水面运动及航海类。

潜水：潜泳、水下定向、水下摄影。游泳：游泳、跳水、水球、漂流。航海：冲浪、滑水、风帆、舢板、帆船、游艇、摩托艇、水上摩托、漂流。

②陆地运动及单车运动。

徒步：散步、行军、跑步、暴走、定向越野。

单车：公路车长途、山地车越野、小轮车机动、山地速降。

③山地运动及地下活动。

登山：徒步登山、山地穿越、攀爬登山、攀登雪山。

速降：滑雪、滑梯、滑草、岩降、溪降（车降、滑降）。攀爬：攀岩、攀石、器械攀登。探洞：天然洞穴、人工洞穴、水下溶洞。

④荒漠户外运动。

沙漠穿越、沙漠生存、戈壁穿越、戈壁生存。

⑤野营活动及猎捕饮食。

野营露宿、打猎野炊、采集花草、模拟野战、拓展训练、荒岛生存。摄影写生、地质考察、采集矿石、调查民俗、考察古迹、采访奇闻。钓鱼（塘钓、海钓、钓虾）、捉蟹、捉蟮逮鼠、捉虫捕蝶、烧烤烹调。

⑥机动车船及航空运动。

摩托：山地越野、公路竞赛、长途旅游。

汽车：赛车、越野、探险、旅游、度假。

滑行：滑雪、滑冰、滑水、旱冰、滑板、蹦极、岩跳。

航空运动：跳伞、滑翔伞、动力伞、热气球、滑翔机、超轻型飞机。

⑦娱乐休闲及军体运动。

娱乐：老鹰捉小鸡、丢手绢、跳格子等。

球类：皮球、篮球、排球、足球、羽毛球、网球、沙袋。

骑行：马、骆驼、牛、驴、羊车、狗车、雪橇、自行车、独轮车。

通信：手旗通信、灯光通信、报话通信、摩托通信。

射击:气枪、打猎、射箭、镖弩、彩弹野战。

近年来,在国内外发展迅速和备受欢迎的户外运动项目主要有以下十几种。

攀岩:分为自然场地攀岩和人工场地攀岩,是一项刺激且很有挑战性的活动。

攀冰:攀冰由登山运动发展而来,是攀登高山、雪山的必修科目,更是登山运动的基本技能之一。攀的冰主要是自然冰,分为冰瀑和冰挂两种。攀冰是一项借助装备、器械而进行的运动,要求装备质量高且经久耐用。

速降:悬崖速降,在专业人员的指导与保护下,运用各种专用登山攀岩的保护器材,按照器材的操作规范进行使用及技术动作,在天然陡壁上利用绳索由岩壁顶端下降到地面。

野营:在野外露营、野炊,学习各种野外生活技能。在自然环境下,人与人之间的关系变得紧密、融洽。露营是一种休闲活动,通常露营者携带帐篷,离开城市,在野外扎营,度过一个或者多个夜晚。露营通常和其他活动相联系,如徒步、钓鱼或者游泳等。

野外定向:又名定向越野,是一种在野外利用地图和指南针,以不同形式去完成一段路程,并在检查点为控制卡(记录卡)打上印记的活动。1918年,瑞典童军领袖侨兰特发明了一种"寻宝活动"训练童军在野外辨别方向及体能。这项活动经过不断发展,形成今天的野外定向。

轮滑:又称滚轴溜冰、滑旱冰,是人们穿着带滚轮的轮滑鞋在坚硬的场地上滑行的运动。今日多数的滚轴溜冰者主要使用直排轮。

溯溪:在峡谷溪流的上下游之间,克服地形上的各处障碍,穷水之源而登山之巅的一项探险运动。其特点与乐趣在于不断克服一个接一个的急流、瀑布、跌水、漩涡,从而激流勇进、逆水前行。当然,专门的器械、技术不可少,更要依靠队友之间的倾力配合。由于这项活动自始至终在水中行进,时而淌,时而游,因此往往不长的一段溪谷也要历尽艰辛才能穿过。

徒步:亦称作远足、行山或健行,并不是通常意义上的散步,也不是体育竞赛中的竞走项目,而是指有目的地在城市的郊区、农村或者山野间进行中长距离的走路锻炼。

登山:指在特定要求下,攀登者从低海拔地形向高海拔山峰进行攀登的一项体育活动。需要很多专门的装备,如登山鞋、冲锋衣裤等。

潜水:泛指所有水面下活动。包含使用压缩机由水面供气的潜水、由潜水员自行携带呼吸系统的水肺潜水,以及不携带呼吸系统,仅使用轻装备的自由潜水。

冲浪:是一种冲浪者利用冲浪板越过涌起浪头的水上运动。主要的装备是冲浪板和系在脚上的安全绳。

四、户外运动发展简史

户外运动起源于人类发展的早期阶段,是人们为了生存而在户外自发进行的活动,如采药、狩猎、战争等活动。

户外运动发展的第二阶段是在一些特殊的时期、地点,为特殊的目的而有意识地进行的野外生存技能训练。比如在二战期间,英国特种部队开始利用自然屏障和绳网进行障碍训练,其目的是提高野外作战能力和团队合作能力,这是人们第一次系统地把户外活动有目的地运用到实际中。

第二次世界大战后,随着战争的远离和经济的发展,户外活动开始走出求生和军事范畴,成为人类娱乐、休闲和提升生活质量的一种新的生活方式。1989年,新西兰举办了首次越野探险挑战赛,此后,各种形式的户外活动和比赛在全世界如火如荼地开展起来。欧洲每年都会举行众多的大型挑战赛。而在美国,户外运动的参与人数和产值都位居所有体育运动的第三位。

五、户外运动技能

(一)运动与技能

田径、游泳、球类等传统运动项目所需要的基础技术离不开跑、跳、投等技能。而户外运动项目的基础技术则是项目参与者在自然环境中抵御风险的技能，其中包含但不仅限于露营技能、方向判定技能、绳索保护技能、救援技能等。

（二）户外运动专项技能和基础技能

基础运动技术包括运动项目专项技能和运动项目基础技能。对于户外运动这一项目而言，专项技能与基础技能的定义如下：

第，户外运动专项技能，是进行某项特定的户外运动所需的技巧和能力。目的是在该项运动上进行提高和精进。包括攀岩的脚法技术训练、自行车骑行的变速器使用技术等。

第二，户外运动基础技能是各种户外运动都需要的，在自然环境中如何生存、救助的相关技能。包括高海拔攀登时的营地生活露营、徒步穿越的方向判定、绳索在不同场景中的使用等。

第二节　高校户外运动类课程开设的必要性

当代高校大学生大多具备善于面对挑战，善于冒险等心理特征，户外运动作为一种新型的运动项目，符合高校学生心理和生理上的需求。到目前为止，户外运动已成为课程体系中一项重要的内容，受到学生的喜爱和追捧。同时，长期户外运动的开展有利于锻炼高校学生的应变能力和环境适应能力。

一、高校实施素质教育的重要手段

高校传统的课程体系中，体育教学对于学生创造性素质、身心的发展以及人际交往方面的培养并未达到预期的效果。户外运动对于传统的体育项目来说具有显著的作用，无论是从其自身的运动特点、户外的环境还是集体存在的形式都具有很大的优势。在户外运动中，学生的人格锻炼得到重视，心理品质和个性都得到培养，个性逐渐趋于完美；户外运动的集体形式提高了学生的人际交往能力和沟通能力，使其能够更好地体验集体生活的乐趣，进一步了解、认识个人和社会；户外运动自身所具备的特点，不仅能够激发学生参与过程中的创造力，而且都促进学生强身健体，提高创造素质和整体素质。户外运动的特点和方式，可全方位地激发学生的各方面潜能，为以后融入社会打下基础。

在传统的观念中，人才是指相对窄的层面的具有专业素质的人。然而，随着时代的进步和社会的发展，人才的含义更加宽泛，不仅要具有良好的专业文化素质，而且要具备良好的品德、人文、审美素养，具备创新、创造能力，能够处理好人际关系，身心健康等。

户外运动的加入对于完善高校的体育教学体系发挥了很大的作用，增加户外运动这一教学内容是正确的，存在着其必然性和必要性。开设户外运动类课程可以弥补传统体育教学的不足，更好地提升高校的体育教学效果，是素质教育的重要手段。

二、符合现代化学校体育教学理念

高校体育改革的重要目的是提高学生的综合素质、促进学生的全面发展。户外运动进入课程体系是素质教育、体育教育推进，高校体育教育改革深化的重要体现。体育课程体系中加入户外运动类课程是符合时代需求的，体现出了现代化的体育教学理念。

（一）主体性和选择性

从微观上来看，对于学生人格的重视、个体差异性的关注、个性发展的尊重是户外运动类课程进入体育教学体系的重要基础。户外运动类课程很好地满足了学生体育方面的兴趣、爱好、特长发展，并以此为依据教学，促进学生的个性发展。户外运动成为体育教学课程内容是大势所趋，充分体现了高校体育教学的主体性和选择性。

（二）人文性

参与户外运动，可以磨炼学生的毅力，使学生面对困难和挫折不气馁，树立拼搏、自强不息的精神，同时也有益于强健体魄。因此，户外运动能不断提高学生团结协作、与他人沟通合作的能力，充分体现了户外运动在高校体育教育中人文性的原则。

（三）开放性

传统意义上的体育教学都是在校园内开展，户外运动类课程的加入打破了传统体育教学的局限性，无论是空间上还是时间上都对传统的教学进行了深入的拓展，进一步开拓了体育教育改革的思路。户外运动教育的改革也正是这样体现了开放性的原则，彰显着户外运动教学的特点。

三、符合高校体育课程改革的需要和发展趋势

户外运动的引入对于传统的高校体育课程来说，无疑是注入了鲜活的血液。户外运动使体育课的教学场地发生了很大的变化，由死板、固定的校园转换到了大自然中，通过不断地融入大自然，将传统的跑、跳、走、投、跨越等体育项目基本技能充分地融入大自然中，突破传统的体育课堂封闭式教学的格局。

高校的体育教学课程体系在不断变化，但并未取得显著的效果，未能取得实质性的进展。例如，运动项目、教学模式改良的局限性，课程资源的开发还不够彻底等众多问题未能得到解决。这些问题导致体育教学一直围绕着单纯的竞技目的这个怪圈，也未能完全地摆脱学科中心主义和竞技体育的思想，使学生对于体育运动的学习兴趣得不到有效提高。

随着高校学生人数不断增加，意味着体育场地必须不断拓展，体育器材必须不断增加，但是目前体育场地和体育器材并不能完全满足学生的需求。

在这种背景下，高校户外运动类课程进入高校体育课程体系是一个契

机。户外运动能够有效地解决器材、场地的问题，户外运动形式多样、方法方式多样、贴近学生的生活等特点都很好地解决了高校体育课程改革中面临的问题。

高校户外运动类课程的开展是高校体育课程改革的大势所趋，因为户外运动的加入，能摒除在传统的体育课中主要由教师单向对学生传授体育技能的弊端，将体育课优化成为师生双向互动的学习模式，增强学生的自主性、主动性、主体性、自由选择性等，以此提高学生对于体育运动的兴趣，主动地参与到体育运动的学习过程中，激发学生学习能力。

四、实现高校体育课程目标的有效途径

“以人为本，健康第一”是高校户外运动教学开展的主要教育指导理念。对于户外运动的重视更多应体现在学生的自主性上，以学生自身的兴趣为重要依据，充分调动学生参与户外运动类课程的积极性和主动性，以更好地实现高校体育课程的目标。

（一）身体健康

个人的身体素质、体能训练是户外运动的基础。户外运动的运动量大，难度也比较大，对于人的身体素质要求较高。为了能够适应户外运动中远途跋涉、攀登、爬越及朝夕气温的变化和不同地域的气压变化等状况，体育教师要求学生在参加户外运动之前要进行一定的体能训练，具备一定的体能基础。而这些体能训练对于学生身体素质的提高、良好锻炼习惯的养成、终身体育意识的培养等都有重要意义。

（二）社会适应

集体形式是户外运动教学的最普遍形式，在高校的户外运动类课程教学过程中，每一位学生都扮演着不同的角色，承担不同的任务。在小集体中，学生能够团结友爱、互相关心、互相帮助，提高相互协作的能力，以及提高人际交往的能力，从而能更好地适应社会。

（三）心理健康

户外运动对于高校体育课程标准中的心理健康的作用也是不容忽视的。户外运动类课程的教学场所决定了户外运动过程中会有很多不确定因素，对于客观条件，如气候、时间和空间的变换等都影响着课程的开展及效果。这些不确定的因素决定了学生必须具备良好的应变能力和心理素质，保持冷静、沉着，有足够的抗压能力，勇于探索大自然，这些可以不断地增强学生的心理承受能力、独立思考能力，促进学生身心健康发展。

第三节　高校户外运动类课程教育的理论基础

户外运动作为一种与自然界紧密相结合的新兴体育运动，其开展情况对高校学生具有重要的意义。[①]户外运动是高校素质教育中的一门全新课程，其不但能让学生的身心健康大幅提升，而且能让学生得到全面发展。高校户外运动类课程综合性非常强，学科的跨度大，涉及了不同学科的知识，比如教育学、心理学、社会学、管理学、学校体育学、安全求生等。这些学科的知识体系是户外运动类课程的理论基础。此外，高校开设户外运动类课程的目的不尽相同，这就导致高校在设置教学重点的时候会出现偏差。比如，一些高校侧重保持学生心理健康，一些高校侧重锻炼学生身体素质，而一些高校是侧重让学生适应社会的能力得到提升，等等。这就要求我们不能放松对高校户外运动类课程教学理论的研究，只有科学地分析、研究总结、梳理基本理论，才能让高校根据自身发展的特征找准课程发展的方向，让户外运动类课程的教学目标、内容和方法有据可依。

一、高校户外运动类课程的教育学基础

高校户外运动类课程的教育学基础至关重要，它直接影响着课程的设

①吴谦峰．高校户外运动可行性与必要性研究[J]．内江科技，2011(9)．

计、教学理念的形成以及教学方法的选择。

首先,户外运动类课程的基本内容和教学理论必须与教育系统的基本要求相符合。这意味着在设计课程内容和选择教学方法时,需要考虑到学生的身心发展特点、学科知识结构以及教学目标等实际情况。同时,教学理论也不能超出教研的大范畴,这就要求我们在研究户外运动类课程的教学理论时,要将教育学中的研究成果作为基本理论,并在此基础上对户外运动类课程的教学理论进行完善和发展。

其次,教育学理论对高校户外运动类课程教学的影响主要表现在为教学理念的形成提供了研究范式和理论依据。随着教学理论的不断发展,传统的被动接受知识和机械化记忆所学内容的模式已经不再适应新的教学理念。相反,体验式的教学理论应运而生,它强调学生的参与性和主动性,在教学过程中注重学生的体验和互动。这种理论对于高校户外运动类课程的教学尤为重要,因为户外运动本身就是一种体验,只有通过亲身参与和实践,才能真正理解和掌握相关知识和技能。

在高校户外运动类课程教学中,体验式教学理论的应用非常广泛。例如,针对同一个项目可以采取小组合作的形式来完成。在项目开展前,不同的小组可以通过讨论提出各种不同的方法,这不仅能够激发学生的创造力和想象力,还能够促进学生的合作和交流。在项目开展过程中,各小组之间还可以相互学习,取长补短,这样不仅可以促进知识的传递和延伸,还可以培养学生的团队意识和合作精神。

除了体验式教学理论,高校户外运动类课程的教学还可以借鉴教育心理学、教育技术学等相关学科的理论,以更好地指导实践教学。例如,教育心理学研究表明,学生的学习兴趣和动机对学习成绩有着重要影响,因此在设计课程内容和教学活动时,可以通过激发学生的学习兴趣和提高他们的学习动机来促进教学效果的提高。同时,教育技术的发展为户外运动类课程的教学提供了更多的教学方法和工具,比如利用虚拟现实技术进行模拟实践,利用在线教学平台共享课程资源等,这些都为提高教学效果和教学质量提供了重要支持。

二、高校户外运动类课程的心理学基础

促进学生身心健康发展是高校户外运动类课程教学的重要目标。在这一目标指引下,组织教学活动、创建教学环境、设置教学的内容和模式的心理指向性非常明显。从这一点我们也不难发现,心理学在高校户外运动类课程教学中发挥着重要作用。高校户外运动类课程教学的心理学基础主要由归因理论、态度理论、目标设定理论和社会学习理论四个方面构成。

(一)归因理论

归因理论是心理学理论最为重要的组成部分。归因指的是个体分析、解释和推测自身或者他人行为原因的过程。归因的过程其实很简单,就是解释和推测个体外部行为表现的特征,将其发生该行为的原因总结出来。归因理论有以下三个方面的内容:

第一,心理活动的归因。它指的是个体产生这种心理活动究竟是什么原因引起的。

第二,行为的归因。它指的是通过个人具体行为和表现推测其心理活动。

第三,个体对未来行为的预测。它指的是根据个体之前的行为表现,推测其在未来的某个特定情境下出现的行为。

(二)态度理论

高校户外运动类课程教学的态度是一种心理倾向,是在学生认识、评价、判断某个特定对象的过程中产生的。态度的构成要素有认知、情感、评价和意向等;态度的对象有人、某个具体的事物、抽象的概念等。构成态度理论的基础是认知,学生的行为意向会受到认知的影响。情感和评价是构成态度理论的核心,而学生行为意向形成的观点就在于此。此外,意向直接

体现学生的情感反应，是个体态度最终的表现形式。

（三）目标设定理论

高校户外运动类课程教学目标要根据学生的实际情况制定，是一种特殊的行为准则。它的主要特征通过方向和强度进行表现。教师制定的教学目标具有某种倾向性与针对性。实践表明，学生身心的能量和挑战目标时的自信心都需要科学的目标激发和增强。教师制定明确的目标能提高学生的注意力，能让学生的行为和心理都集中在任务的完成上。合理的目标具有指引作用，能让学生养成坚强的品质，即便面对困难和挫折，学生也能保持头脑清醒，朝着目标勇往直前。教师在设定目标时，一定要注意长期目标和短期目标的结合，且目标要符合实际情况、明确、具体、富有挑战性。

（四）社会学习理论

社会学习理论是一种心理学理论，具有极强的指导性，具体指的是个体将其他社会个体当成榜样进行学习的过程。这一理论认为任何成功或者奖励的行为都有再次出现的可能，个体在这样的理论指导下向那些获得成功的经验和行为学习。下面从两个方面分析社会学理论在高校户外运动类课程教学过程中的指导作用。

1. 观察学习

直接经验学习和间接经验学习是个体学习过程的两个方面。直接经验学习是一个过程，个体获得直接经验的途径是具体的实践；间接经验学习也是一个过程，个体获得间接经验的途径是个体观察和口头传授。同直接经验学习相比，间接经验学习更加方便快捷。观察学习作为间接经验学习的一种途径，提倡学生通过学习他人的学习方式、学习态度等获得相关知识和经验，快速提高学习效率。

2. 自我效能感

自我效能感是个体自我能力的认知，指的是个体在担任某项任务或工作的时候对自我能力表现出来的自信。自信是完成户外运动的重要前提。只有认为自己一定能完成这一任务，才能在运动过程中充满信心，最终取得满意的结果。

三、高校户外运动类课程的社会学基础

社会学作为一门涵盖经济、社会结构、政治、人口变动、民族、城市、家庭、信仰、宗教、现代化、历史等多个领域的学科，其研究方法主要通过分析社会关系和社会行为来揭示社会结构、功能和发展规律。可以说，社会学是一门综合性极强的学科，其理论发展速度飞快，吸引了众多学者的关注和研究。目前，社会学的研究重点主要包括人类组织、社会互动、群体等，同时也呈现出逐渐向社会结构微观层面（如种族、社会阶级、性别、家庭等）转变的趋势。

在这个背景下，个体在社会中具有不可忽视的社会属性，这意味着高校户外运动类课程的教学过程不能脱离社会背景而存在。在进行户外运动类课程教学时，教师和学生都会受到社会规律的制约和影响。在社会学理论的指导下，高校开展的户外运动类课程有助于主体实现社会化教育的目标，其中蕴含着深刻的社会学基础。

首先，高校户外运动类课程的社会学基础体现在对社会结构的理解和分析上。社会结构包括了人类在社会中的组织形式、社会组织的层级结构以及不同群体之间的关系等方面。通过社会学的视角，我们可以更深入地了解到不同社会群体在户外运动中的参与程度、活动方式以及所处的社会地位等，这有助于我们设计更符合社会实际需求的课程内容和教学方法。

其次，高校户外运动类课程的社会学基础还体现在对社会互动和群体行为的理解上。社会互动是指个体之间在社会环境中进行的交流、互动和合作等行为，而群体则是指在某一共同目标或共同利益下聚集在一起的个体。在户外运动类课程中，学生之间的合作、竞争、沟通等社会互动行为以

及他们作为一个群体参与活动的行为都是需要我们关注和研究的对象。通过对这些行为的分析，我们可以更好地了解到学生在户外运动中所展现出的社会属性和行为特征，从而指导我们更加有效地进行教学设计和指导。

此外，高校户外运动类课程的社会学基础还可以体现在对社会变迁和现代化进程的认识上。随着社会的不断发展和变化，人们的生活方式、价值观念以及社会行为都会发生相应的变化。在这样的背景下，户外运动类课程也需要不断适应社会变化的需要，不断更新课程内容和教学方法，以更好地满足学生的需求和社会的发展需求。

四、高校户外运动类课程的管理学基础

有效地管理教学组织是确保高校户外运动类课程教学顺利开展的基础。在这个过程中，我们应该合理地融入管理学的理论，以确保教学计划的制定、组织协调、教师领导力、过程控制和团队管理等各方面都得到充分考虑。

自从将户外运动类课程纳入高校教育体系以来，管理学知识如时间管理、目标管理、安全管理等已经被广泛融入户外运动类课程教学中。这标志着户外运动类课程的教学重心已从简单地掌握运动技能转移到更加注重全面发展学生综合素质的方向上。尽管高校在户外运动类课程教学的内容和侧重上有所差异，但教学的核心仍然是基于必要的基本管理学知识。

在高校户外运动类课程中，教学的重心通常是根据学校的具体情况、学生的整体能力以及户外场地的安全性等因素来设置教学内容和重点。而高校综合人才培养的重点则是意识的培养，其中包括计划能力、决策能力、沟通能力、应变能力等。这些管理学知识的融入不仅有助于学生在户外运动类课程中获得实践经验，更能够培养他们的领导能力、团队合作意识和问题解决能力。

首先，管理学理论为高校户外运动类课程教学计划的制定提供了重要

的指导。通过制定详细的教学计划,可以明确教学目标、任务分工、教学内容和教学方法等,确保教学有条不紊地进行。例如,在设计教学内容时,可以根据学生的年级、体能水平和兴趣爱好等因素,合理安排不同类型的户外运动项目,以满足不同学生的需求和发展。

其次,管理学理论对于组织协调也具有重要意义。在高校户外运动类课程教学中,教师需要有效地组织和协调各项教学活动,确保教学过程的顺利进行。这涉及人员安排、场地预约、装备准备、安全保障等方面的工作,需要教师具备较强的组织协调能力和资源整合能力。

再次,管理学理论还强调教师的领导力在教学过程中的重要性。教师作为教学活动的组织者和引领者,应该具备良好的领导能力,能够有效地激发学生的学习兴趣和积极性,引导学生克服困难,不断提高学生的运动水平和综合素质。

最后,管理学理论还强调过程控制和团队管理的重要性。在高校户外运动类课程教学中,教师需要对教学过程进行及时监控和评估,及时发现和解决问题,确保教学目标顺利实现。同时,教师还需要有效地管理学生团队,促进团队合作和协作,发挥每个学生的潜能,实现个体与团队的共同发展。

五、高校户外运动类课程的学校体育学基础

高校户外运动类课程作为体育教育的重要组成部分,其发展过程必须与整体教育环境相互配合。在确定教学目标和选择教学组织形式时,必须充分考虑本校体育教学的具体情况,以确保教学资源得到最大化的利用。学校体育作为保障学生身心健康的重要手段,其基本理论知识对于户外运动类课程教学实践具有深远影响。它能够为户外运动类课程确立科学的教学目标,为培养学生积极参与活动并掌握相关技能提供科学方法。因此,学校体育学理论不仅可以作为高校户外运动类课程教学的理论基础,还可以

为户外运动类课程的发展提供重要的指导。

首先，学校体育学对于高校户外运动类课程的发展具有重要意义。学校体育学包括了体育教育的基本理论、教学方法和教学管理等内容，它是体育教育的理论基础和实践指南。在高校户外运动类课程教学的设计和实施过程中，必须充分考虑学校体育学理论，确立科学的教学目标和教学内容，选择适合学生发展特点和教学环境的教学方法，以及有效地组织和管理教学过程，从而实现教育目标。

其次，学校体育学对于高校户外运动类课程的教学目标的确定具有指导作用。学校体育学强调以培养学生全面发展为目标，注重培养学生的身心健康、社会适应能力和终身体育锻炼意识。在高校户外运动类课程中，教学目标的确定应当符合学校体育教育的总体目标，既要注重学生体能和技能的培养，又要重视学生的心理健康和综合素质的提高。通过科学制定教学目标，可以有效地引导教学过程，提高教学效果，使学生在户外运动类课程中获得全面发展。

再次，学校体育学对于高校户外运动类课程的教学内容的选择和组织具有重要影响。学校体育学强调教学内容的科学性和适宜性，要求教学内容既要符合学生的年龄特点和身体素质水平，又要贴近学生的生活和兴趣，以激发学生的学习兴趣和积极性。在户外运动类课程中，教学内容的选择应当结合学校体育教学的实际情况和学生的需求，注重培养学生的实践能力和团队合作精神，使学生能够在户外运动中积极参与、安全锻炼，并逐步掌握相关运动技能和知识。

最后，学校体育学还可以为高校户外运动类课程的教学方法和教学管理提供重要参考。学校体育学强调教学方法的多样性和灵活性，要求教师根据学生的特点和教学目标灵活选择和运用不同的教学方法，以提高教学效果。在户外运动类课程中，教学方法的选择应当结合户外运动的特点和学生的需求，采用多种教学方法，如示范教学、游戏教学、合作学习等，以激发学生的学习兴趣和积极性，提高教学效果。

综上所述，高校户外运动类课程教学的理论知识内容广泛，它将与户外运动类课程教学内容相关的学科理论囊括其中。在户外运动类课程教学过程中，教师只有在基础理论的要求下开展教学设计，才能让整个教学具有全面性和针对性，使教学目标得到实现，从而提高学生的户外运动水平。

第四节　高校户外运动类课程的选修条件与准备

户外运动类课程作为体育教育体系中的一个重要组成部分，其核心价值在于将人与自然环境的互动、体育教育目标的实现、终身体育观念的培养以及个人独特性格的塑造融为一体，旨在恢复人作为自然生态系统中一员的本真状态。

高校户外运动类课程不仅考验参与者的意志力和性格韧性，而且对其体质和体能构成挑战。同时，它也为参与者提供了享受自然、放松心情的机会。因此，在选修户外运动类课程时，学生有必要深入了解其基本要求，并掌握有效的选课方法。

一、高校户外运动类课程选修的条件

户外运动作为现代教育体系中的新兴领域，其课程的开设旨在培养学生的身体素质、心理素质以及团队协作精神等。因此，学生在选修此课程时，必须满足一定的条件。

第一，学生需要了解高校户外运动类课程所开设课程的内容、形式和方法，这是对课程的基本认知要求。学生应当通过查阅课程大纲、咨询教师或参与课程试听等方式，对课程有清晰的认识。了解课程内容包括但不限于户外运动的技能教学、体能训练、理论知识传授等方面；形式则涉及课堂教学、实践教学、野外实习等多样化的教学手段；方法则是指教师在教学过程中采用的具体教学策略和评估方式。只有当学生对课程有了充分的了解，

才能根据自己的兴趣和能力进行有针对性的选择。

第二，学生需要对户外运动有浓厚的兴趣和爱好，能积极投入学习和锻炼之中。兴趣和爱好是学习的原动力，对于户外运动类课程而言尤为重要。学生只有对户外运动充满热情，才能在学习过程中保持高度的积极性和主动性，积极参与各项教学活动和锻炼计划。这种积极的态度不仅有助于提高学生的学习效果，还能促进其在户外运动领域的深入探索和发展。

第三，学生需要有坚韧的性格和顽强的意志，有坚强的自信理念和吃苦耐劳的精神。户外运动往往伴随着各种挑战和困难，在面对困难和挫折时，学生应能够保持冷静、自信，并勇于克服各种困难。同时，吃苦耐劳的精神也是户外运动中不可或缺的品质。学生需要在长时间的锻炼和实践中，不断挑战自己的极限，提高自己的身体素质和心理素质。

第四，学生需要具备团队协作能力、集体主义精神。户外运动常以团队形式进行，要求学生具备良好的团队协作能力和集体主义精神。在团队中，学生应能够积极沟通、相互支持、共同协作，以实现团队的目标。

第五，学生需要具备健康的身体。户外运动对身体素质的要求较高，需要学生具备基本的运动能力。对于存在行动不便的学生，应谨慎选择此类课程。同时，学生还需要了解户外运动存在的风险，并做好相应的防护措施。

第六，学生需要有较强的组织能力和自我控制能力。户外运动往往需要在复杂多变的环境中进行，要求学生具备较强的组织能力和自我控制能力。在组织能力方面，学生应能够合理安排活动计划、调配资源、协调团队成员等；在自我控制能力方面，学生应能够保持良好的心态、控制自己的情绪和行为，确保活动顺利进行。

综上所述，学生选修高校户外运动类课程需要满足多方面的条件。这些条件不仅涉及学生对课程的认知和兴趣、性格品质、团队协作精神等方面，还涉及学生的身体健康状况和组织控制能力。只有当学生具备这些条件时，才能在户外运动类课程中充分发挥自己的潜能，实现全面发展。同时，高校在开设户外运动类课程时，也应充分考虑学生的实际情况和需求，提供丰富多样的教学内容和形式。

二、高校户外运动类课程的准备

选修高校户外运动类课程后，学生需要进行一系列的准备，以确保课程顺利进行和个人安全，这些准备包括心理准备、技能准备、装备准备和知识准备。

首先，心理准备是学生参与户外运动类课程的重要基础。学生需要具备一定的心理素质，包括勇气、坚韧、耐心和冷静。这些心理素质将帮助学生在户外运动中保持积极的心态，克服困难，享受户外运动的乐趣。

其次，技能准备是户外运动类课程的关键部分。学生需要掌握一定的户外运动技能，如攀岩、徒步、露营等。这些技能可以通过参加学校组织的户外运动培训、户外运动俱乐部或自学相关书籍和视频来学习。学生需要通过实践不断练习和提高这些技能，以适应户外运动的挑战。

再次，装备准备也是户外运动类课程的重要组成部分。学生需要准备适合户外运动的装备，如登山鞋、帐篷、睡袋、登山杖等。这些装备的选择应根据户外运动的具体要求和个人的需求来准备。学生可以通过咨询教师或参考户外运动用品店的购物指南来了解和选择合适的装备。

最后，知识准备是学生参与户外运动类课程的必要条件。学生需要了解户外运动的基本知识和安全规则，如户外运动的危险因素、应急处理方法、环境保护等。这些知识可以通过阅读相关的书籍、参加户外运动讲座或咨询教师来获得。学生需要通过学习和了解这些知识，增强自己的安全意识和自我保护能力。

第二章 高校户外运动类课程的计划、组织管理与安全体系

第一节 高校户外运动类课程计划的制定

在高校户外运动类课程计划的制定过程中，细节和周密的准备是确保课程成功的关键。以下是制定高校户外运动计划时需要考虑的重要方面：

一、活动前期的准备工作

在开展任何户外活动之前，准备工作的重要性不容忽视。组织一次行前会议是必要的步骤。在会议中，应该详细地介绍活动流程、目的以及预期的成果。更重要的是，会议应强调安全事项，这包括但不限于正确使用装备、识别潜在风险以及紧急情况下的应对措施。通过这样的会议，参与者不仅能够对活动有全面的了解，还能增强他们的安全意识，从而有效降低活动中意外发生的可能性。

此外，针对特定户外运动项目的特点，对学生进行必要的体检是不可或缺的。不同的户外运动对身体素质的要求各异，例如徒步旅行需要良好的耐力和心肺功能，而攀岩则要求学生具备较强的上肢力量和灵活性。通过体检，可以确保学生的身体状况都符合参加活动的要求，这不仅保障了学生的个人安全，也确保了整个运动的顺利进行。

二、确定活动内容和目的

高校户外运动作为一种集健身、娱乐、探险等多功能于一体的活动形

式，其内容与目的的确定至关重要。这不仅关系到活动的顺利进行，更直接影响着学生的体验感与获得感。因此，在确定高校户外运动的内容和目的时，必须充分考虑气候、学生实际情况等多方面因素。

首先，根据气候特点来确定活动的主要内容是户外运动规划的首要步骤。不同季节的气候条件直接影响着户外运动的选择与安排。例如，在春季，阳光明媚、万物复苏，是进行登山、穿越、踏青等户外活动的绝佳时机。此时，可以组织学生开展登山赏花、露营野餐等活动，让学生在亲近自然的同时，感受春天的生机与活力。而在夏季，天气炎热使得水上运动成为首选。游泳、漂流、溯溪等项目不仅能消暑降温，还能磨练学生的意志与团队协作能力。到了秋季，秋高气爽，是开展远足、攀岩、山地车等探险活动的好时节。此时，可以组织学生进行秋游探险，让学生在挑战自我的过程中，领略大自然的壮美与神奇。冬季虽然寒冷，但攀冰、滑雪等冰雪运动却能带来别样的乐趣。通过这些户外运动，不仅能锻炼学生的体魄，还能培养学生的勇敢与坚韧精神。

其次，在确定活动内容时，还需考虑活动的性质与目的。高校户外运动可以休闲为主，也可以探险为主。对于休闲性运动，主要目的是放松心情、享受自然，活动难度相对较低，适合大多数学生参与。而对于探险性运动，则更注重挑战与刺激，需要学生具备一定的技术、体能与心理素质。因此，在组织探险性运动时，必须进行针对性的技术学习、心理训练与体能训练，并确保学生掌握一定的急救知识。

再次，在确定运动内容与性质的基础上，还需根据参与人数来合理安排活动内容。在人数较多的情况下，适合采用露营、徒步登山等集体活动方式，以增强团队凝聚力与协作精神。而人数较少时，则可以更加机动灵活的方式，选择攀岩、山地车等更具挑战性的项目，以激发学生的斗志与潜能。

最后，每次活动的目的都应有一个明确的主题。无论是为了健身、怡情，还是为了增进友谊、挑战自我，或是宣传环保、保护自然资源教育等，都应有一个清晰的主题贯穿始终。通过设定主题,可以使活动更具针对性与实效性,让学生在体验中收获更多。

三、人员的结组分配

在高校户外运动类课程的开展过程中,人员的结组分配是一项至关重要的工作。这不仅关系到学生的安全,也直接影响到课程的质量和效果。因此,在准备阶段,教师应深思熟虑,结合全体学生的身体状况、户外运动能力以及个性特点,进行合理的结组分配。

团队人数过多会给统一管理带来困难,因此,在人数较多的情况下,分组管理成为一种有效的解决方案。通过分组,可以将大的团队划分为若干个小团队,每个小团队的人数适中,便于管理和协调。这样不仅能够提高管理效率,还能够增强学生的归属感和责任感,促进团队内部的协作和沟通。

在分组的过程中,教师发挥着关键作用。教师需要根据全体学生的身体状况和户外运动能力,进行细致的评估和匹配。具体而言,教师需要了解学生的体能状况、运动经验、技能水平以及个性特点等方面的信息。在此基础上,教师可以根据好、差搭配的原则,将不同特点的学生分配到不同的小组中。这样既可以保证每个小组在整体实力上的均衡,又能够让学生在相互协作中取长补短,共同提高。

分组并非一成不变的,在户外运动过程中,学生的身体状况和状态可能会发生变化,有些学生可能会出现疲劳、受伤等情况。因此,教师需要密切关注学生的身体状况,根据实际情况及时调整分组,确保每个学生都能够得到及时的照顾和帮助。

合理的结组分配不仅能够保证学生的安全,还能够提高课程的趣味性和挑战性。通过不同特点的学生的搭配,可以创造出多样化的团队组合,让学生在相互协作中体验到不同的户外运动乐趣。同时,通过适当的挑战和竞争,还可以激发学生的潜力和斗志,促进学生的全面发展和成长。

四、确定户外运动的分工合作

高校户外运动作为一项集体性活动，其筹备与实施过程中的分工合作至关重要。因此，必须进行有效的分工合作，确保每项工作能够得以充分落实。

分工合作在高校户外运动中的必要性不言而喻，户外运动涉及多个方面，包括活动策划、人员组织、物资准备、安全保障等，这些工作相互关联、相互影响，需要不同角色的人员共同参与。通过分工合作，可以将这些工作划分为不同的职责领域，由具备相应能力和专业知识的人员负责，从而实现资源的优化配置和效率的最大化。此外，分工合作还能够增强团队成员之间的沟通与协作能力，促进团队凝聚力的形成，为活动的顺利进行提供有力保障。

在具体实施方面，高校户外运动可以根据活动规模和需求设置不同的职位和职责。例如，可以设置队长、技术指导、食品管理、装备管理、药品健康管理、财务管理、后勤联络、活动记录管理和摄影等职位。这些职位的分配应充分考虑学生的专业背景和实际能力，确保每个学生都能发挥作用。同时，还应建立有效的沟通机制，确保团队成员之间的信息畅通和协作顺畅。

为了确保分工合作的顺利进行，还需要注意四点：①对每个学生的职责进行明确界定，避免职责重叠和遗漏；②要定期进行团队培训和交流，提高团队成员的专业素质和协作能力；③要建立有效的激励机制，激发团队成员的积极性和创造力；④要注重风险管理和应急处理能力的培养，确保在面临突发情况时能够迅速应对。

分工合作还应注重书面记录和信息共享，对于一些重要的分工和职责安排，应有详细的书面记录，以便在需要时能够迅速查阅。同时，还应建立信息共享平台或渠道，确保团队成员能够及时了解活动进展和其他相关信息,提高决策效率和响应速度。

五、安排路线和日程

对于路线的安排,必须进行充分的前期调研和资料收集。通过查阅相关地图、旅游指南、专业书籍等资料,可以对目的地的地形、气候、交通状况等有一个初步的了解。同时,咨询前驱者或具有相关经验的人士也是获取准确信息的重要途径。在此基础上,可以综合考虑行进路线的可行性、安全性以及观赏性,确定最佳的行进路线。

在确定路线时,还需要特别注意:一是充分考虑学生的年龄和体力状况,避免选择过于艰险的路线;二是关注路况和交通工具的选择,确保行进过程中的交通便利和安全性;三是考虑目的地的远近和活动的规模,合理安排行进时间和休息时间,确保学生能够在规定的时间内到达目的地,并保持良好的体力状态。

活动日程的制定应根据天气状况、资金预算等具体情况来确定。要根据日出日落时间、学生的作息时间等因素,合理安排出发时间、吃饭时间、休息时间以及到达目的地的时间。同时,还要预留一定的时间,以应对可能出现的天气变化、学生生病等。

在日程安排中,还需要注重活动的多样性和趣味性。除了必要的行进和休息时间外,还可以安排一些户外拓展活动、文化体验活动或团队互动游戏等,以丰富活动内容,提升学生的兴趣和积极性。

此外,还需要注意日程安排的灵活性。由于户外运动受到天气、路况等多种因素的影响,因此在实际执行过程中可能会出现一些不可预见的情况。因此,在制定日程时,应保持一定的灵活性,随时根据实际情况进行调整和修改。

在安排路线和日程时,应将安全放在首位,确保每一个环节都符合安全要求。这包括选择安全可靠的行进路线、配备必要的安全设备和药品、制定应急预案等。同时，还要加强对学生的安全教育，增强他们的安全意识和自我保护能力。

六、准备活动装备

高校户外运动的顺利进行离不开完善的活动装备准备。装备不仅是户外运动的基本保障，更是确保学生安全的重要因素。因此，在准备高校户外运动时，对活动装备的选择、搭配与准备显得尤为重要。

无论是登山、徒步还是露营等户外活动，都需要相应的装备来保障学生的基本生活需求和安全。装备的选择与准备不仅关乎活动的顺利进行，更直接关系到学生的生命安全。因此，在准备高校户外运动时，必须对装备进行充分的了解和选择，确保其能够满足活动的需求。

在准备活动装备时，应遵循一定的原则。首先，实用性原则，即所选装备应能够适应户外环境的特殊要求，具备相应的功能性和耐用性。其次，安全性原则，装备应能够提供足够的安全保障，降低意外事件的发生概率。再次，轻便性、舒适性和环保性也是在选择装备时需要考虑的因素。轻便的装备能够减轻学生的负担，提高活动的效率；舒适的装备则能够提升学生的体验感受；而环保的装备则有助于减少对环境的影响，符合可持续发展的理念。

具体到高校户外运动的装备准备，需要根据活动的类型、规模和时间等因素来制定相应的策略。要列出所需的基本装备清单，包括帐篷、登山旅行包、睡袋、防潮垫等露营用品，以及户外运动服装、高山靴、登山绳索等运动装备。同时，还要考虑到一些特殊装备的需求，如冰镐雪杖、岩石钉锥等用于特殊地形和环境的装备。在列出清单后，需要详细注明每种装备的数量、规格和用途，以便学生了解并正确使用。

此外，还需要对装备进行细致的检查和维护。在出发前，要确保所有装备都完好无损、功能正常。对于易损件和消耗品，如炉具餐具、照明用品等，要准备充足的备份，以防万一。同时，还要教会学生如何正确使用和保养装备，以延长其使用寿命并确保其功能的发挥。

在装备的选择与搭配上，应根据天气和路线的不同进行有针对性的调整。例如，在寒冷的冬季或高海拔地区，需要准备更厚实的睡袋和防寒衣物；在潮湿或多雨的地区，需要选择防水性能好的帐篷和背包。此外，对于一些常用的服饰，如旅游鞋、运动袜等，也要根据学生的需求进行选择和搭配。

除了基本的装备准备外，还应关注一些细节问题。例如，在装备携带上，要合理安排每个学生的负重，确保每个学生都能轻松应对；在装备使用上，要教育学生遵守相关规定和操作规程，避免因误用或滥用而造成不必要的损失和伤害。

七、准备食物与药品器械

在高校户外运动的准备阶段，食物与药品器械的准备是至关重要的。这不仅关乎学生的体力与健康状况，更是确保活动顺利进行的基础。因此，必须对食物与药品器械的准备进行充分的考虑与规划。

（一）准备食物

需根据户外运动行程的时间长短和目的地的情况进行细致的分析与安排。对于短途的户外运动行程（1～2天），或目的地已有饮食安排的情况，食物的需求相对简单，主要关注午餐和一些副食品的选择与携带。然而，对于时间较长的户外运动行程（如1周左右），食物的准备就显得尤为重要。

在选购食物时，应确保食物能满足每天所需的营养和热量需求。这包括蛋白质、碳水化合物、脂肪以及各种维生素和矿物质等营养成分的合理搭配。同时，还要考虑到个别学生的口味偏好，尽可能提供多样化的食物选择。

此外，由于户外运动中需要背负其他装备，因此食物的选择与携带也应注重轻便与实用。可以将食物分为集体食物和个人食物两类进行携带。集体食物主要包括蔬菜、肉、蛋、米、面等主食和副食，而个人食物则可以根据个人喜好和需要自行准备。为了确保食物的使用与储存情况得到有效管理，可以制定一份食物管理表格，记录每次消耗的食物及数量，便于及时了解食物的使用情况和剩余量，为日后的总结工作和下次活动的食物采购提供参考。

(二)准备药品器械

除了食物的准备外，药品器械的准备同样重要。户外运动常常因为地形、气候、环境等因素而带来各种不适和意外情况，因此必须提前准备一些常用药品和器械以应对可能发生的意外伤害情况。

针对常见的感冒、发烧、咳嗽等症状，应准备一些基本的感冒药。此外，对于户外运动中可能发生的外伤情况，也应准备一些外伤科常用药品，如创可贴、消毒液、止痛药等，以便在发生意外时能够迅速进行处理。

防蚊虫叮咬的药物也是必不可少的，在户外运动中，蚊虫叮咬不仅会引起皮肤瘙痒和不适，还可能传播疾病。因此，应准备一些驱蚊液、止痒药等防蚊虫叮咬的药物，确保学生的身体健康。

此外，绷带、药棉等急救器械也是必备的。这些器械可以在发生创伤时进行简单的包扎和处理，防止伤口感染。同时，还可以考虑携带一些便携式医疗器械，如血压计、体温计等，以便在需要时能够进行健康监测。

第二节 高校户外运动类课程教学的组织与管理

一、高校户外运动类课程教学组织与管理的特征分析

随着社会的不断进步，现代生活质量也在不断上升，人们在生活品质上的要求也在不断提高，户外运动逐渐成了现代健康生活的一种标志。[①]户外运动以大自然为场地，在自然环境中探险，是一项团队合作的体育运动。户

①兰大卫．我国高校户外运动发展浅谈[J]．当代体育科技，2015(27)．

外运动区别于以往的体育运动，大大提高了探险难度，更具挑战性。它的挑战性决定了户外运动的参与人员要具有更高的素质，举办户外运动的人员要具有更高的管理能力。

从户外运动的发展角度来看，户外运动逐渐大众化。其中一个主要原因是社会的需求越来越高。户外运动是新兴体育项目，在很多方面都处于探索阶段，在借鉴已有经验的基础上，不断加以改造和创新，改善以往室内运动的弊端，在管理模式上追求新的突破。从现代管理教学模式的关系入手，抓住主要关系并逐一解决。

（一）师生关系

师生关系在户外运动教学中非常重要。教师需要有足够的耐心和细心引导学生，在学生团体活动的过程中，对其进行合适的管理。教师在课堂上进行轻松幽默的教学，将尊重学生放在首位，引导学生的个性化发展。学生是一切教学活动的主体，教学内容和教学方法都应该根据学生的情况来制定。教师是学生学习和生活的引导者，在高校户外运动类课程中，教师应该培养学生的兴趣，引导学生顺利完成学习任务。

（二）学生需求

在户外运动类课程的教学中，由于学生的身体素质和兴趣差异，对户外运动的内容和教学方法有不同的需求，因此教师应该注意学生的需求。户外运动类课程的教学刚刚起步，不论在资金还是在设施上都不够充足，因此无法满足每个学生的需求，这就决定了在教学内容和方式上具有单一性，学生的差异化不能得到合理的照顾。

（三）教学内容与课时之间的关系

户外运动类课程教学是现代体育教学体系中的新兴课程。很多户外运动如滑冰、攀岩等，要求学生具有一定的实践能力，因此需要教师在上课前认真准备，学生也需具有一定的适应能力。在传统的教学中，体育教学每课时为90分钟。但是在户外运动类课程教学中，这个时间是不够的，因为教师在教学内容设置上要有理论教学，还要将学生分组，以小组的形式开展活动。这就需要学校进行改革，根据课程内容来合理安排课时，使教师有足够的时间完成教学。

二、高校户外运动类课程教学组织与管理的实施过程

（一）高校户外运动类课程教学体系的构建

1.指导思想

（1）户外运动类课程需要符合教学大纲的要求，包括教学目标、教学内容和课程设置。

（2）户外运动类课程所选择的每项运动的特点和技能都应被显现出来。

（3）教师在进行教学时，要以学生为主体，同时培养学生自主学习的能力，从学生的兴趣入手，提高学生的主动性和积极性。

（4）户外运动类课程教学的开展要与实际相结合，与社会相适应，这样才能发挥应有的作用。

2.构建目的

（1）党和国家的教育思想和教育方针落实在每个教学活动中。

（2）达到教学大纲规定的教学要求，完成教学目标。

（3）以学生为主体。在户外运动过程中，让学生享受大自然，享受阳光、沙滩、空气。

（4）实施高效互动的教学方案，提高学生的团队合作精神。

（5）利用户外运动教学，提高学生户外运动技能。

（二）高校户外运动类课程教学的主要内容

我国的户外运动类课程主要以陆地户外运动为主，涵盖各种各样的地形，如高原、海岛、山地荒漠等。在陆地户外运动中，学生的身体素质将得到

一定程度的提高，适应能力也会不断增强。

在高校户外运动类课程教学中，户外运动项目的教学主要包括以下内容：

第一，理论教学。在户外运动前，教师需利用现有的教学条件，通过各种形式，如录像观看、图片展示、实际操作等，向学生讲解户外运动的基本理念、须具备的基础能力、出意外时的应对措施以及学生应具备的自救能力等相关知识。

第二，实践操作。要真正掌握户外运动技能，最主要的是进行实际操作。在实际操作中，学生的应变能力以及适应能力才会大幅度提高。

第三，综合训练。综合训练是户外运动的延伸。在教师的指导下，综合训练可以提高学生的心理素质和适应能力，使学生在面对危险时临危不乱，还可提高学生的环保意识，也可帮助学生掌握户外运动技能。

（三）高校户外运动类课程教学的准备工作

第一，将一个学期的课程安排进行系统的划分。

第二，以校媒体为媒介，公布户外运动教学的具体安排，向学生介绍户外运动的基本概念等，使学生对其有一定了解。

第三，组织报名。鼓励学生报名参加。

第四，对报名人员进行划分。以班级为单位进行划分，每班人数在30人左右。

（四）高校户外运动类课程教学的注意事项

第一，教学内容和方式应根据实际情况而定，在条件允许范围内进行教学。

第二，安排专门的教师保护学生的安全，设立紧急事情处理部门。

第三，教学应根据计划按部就班完成，若遇特殊情况，也可重新进行安排。

三、高校户外运动类课程教学组织与管理的发展趋势

(一)户外运动的“小团体”教学

户外运动的根本性质决定了它的教学不同于以往的教学。教师在教学时会以小组为单位进行教学,重视学生团体意识的培养,在团队合作的基础上提高学生的生存技能,并达到课程的教学目标。户外运动类课程教学始终贯穿以人为本的教学理念,无论什么活动都要以学生为中心,体现了在管理模式上的人性化特点,注重发挥集体的优势,让学生享受合作的乐趣。

(二)户外运动选项制和俱乐部制

由于户外运动的特殊性,多元化发展已成为趋势。由于现在的基础教学模式已经不能满足学生和教师的需要,俱乐部制便逐渐兴起。它符合户外运动类课程教学中常规训练所需要的条件,有利于组织活动和管理,所以俱乐部制也是高校户外运动类课程教学的主要发展方向之一。

在户外运动的过程中,可以领略山林之美,欣赏大自然的风光。保护生态环境,保护大自然是我们义不容辞的责任。在进行户外运动时,应做到以下方面:

第一,排成队列,有秩序地按照行进路线前行。遇到有植被的路时,要避免破坏植被,分散前进。

第二,严禁喂食野生动物,以免影响动物的健康。如果在途中遇到野生动物,不要大声呼喊,以免动物受到惊吓。

第三,少做路标或不做路标。遇到其他人留下的路标时不要进行破坏,以免对他人的安全产生影响。自己做的路标要有足够的隐秘性,保证自己队的队员明白即可。

第四,不要大声喧哗,制造噪声,影响其他人的心情。

第五,不要吸烟。用火要有明确的规定,增强安全意识,以免发生火灾。

第三节 高校户外运动类课程的安全体系构建

一、安全教育体系建设

(一)户外运动安全教育的背景

安全,作为保障人类生存与发展的重要基石。从原始社会的自然灾害、野兽侵袭,到现代社会的工作、交通、环境等安全风险,人类始终在与各种不安全因素进行斗争。在这一过程中,人们积累了丰富的安全经验,并通过安全教育将这些经验传授给后代。现代安全科学理论更是将安全视为社会稳定和发展的前提,以及个体生存和发展的基本保障。

具体到户外运动,它作为一种与自然紧密相连、充满挑战和刺激的活动,深受人们的喜爱。户外运动如登山、攀岩、野营等,不仅能够锻炼个人毅力,培养团队合作精神,还能增强野外生存能力,为参与者带来独特的情感体验。然而,这些活动同时也伴随着一定的安全风险。户外运动涉及面广,潜在风险高,且易受外部条件和环境影响。缺乏安全防范意识,不仅可能导致户外运动价值的丧失,甚至可能引发危险事故,造成人身伤害。因此,户外运动安全教育的开展显得尤为重要。户外运动安全教育,即针对户外运动过程中可能出现的各种安全问题进行系统学习,以防范为手段,以安全为目标,主动实施一系列行为措施。其本质在于预防事故发生,降低事故造成的损失,为社会带来希望和力量,保障和促进人类的健康发展。

在我国,户外运动安全教育主要由户外运动组织机构负责,部分高校也开设了相关课程。然而,由政府和社会部门组织的户外运动安全教育活动相对较少。我们应加快建立国家户外运动安全教育培训体系和标准,是当务之急,是保障和促进户外运动行业规范发展的基本措施。

大学生正处于人生的关键时期,他们的安全意识和应急能力对于其个人成长和社会发展具有重要意义。高校应通过设置相关课程、举办安全知识讲座、组织实地演练等多种形式，增强学生的户外运动安全意识，增强学生的应急处理能力。此外，高校还应加强与户外运动组织、政府和社会部门的合作，共同推动户外运动安全教育的普及和发展。通过开展联合活动、共享资源、共同研究等方式，形成全方位、多层次、立体化的户外运动安全教育体系，为学生的健康成长和社会的和谐稳定提供有力保障。

总之，高校户外运动安全教育是一项系统工程，需要多方面的共同努力。只有通过深入、系统的安全教育，才能使学生在享受户外运动带来的乐趣和挑战的同时，确保学生的安全与健康。这不仅是高校教育的重要任务，也是社会发展的必然要求。

（二）户外运动安全教育的形式

1.普及教育

在高校户外运动安全教育中，普及教育扮演着基础而关键的角色。它通过向学生和教职员工传播户外运动知识及安全常识，提升他们的安全防范意识和自我保护能力。

(1)开展户外运动安全专题系列讲座。这种形式通过邀请行业专家和经验丰富的户外运动指导者，对户外运动的相关知识进行深入讲解。讲座内容可以包括户外运动的风险识别、安全预防措施、紧急情况下的自救与互救方法等。通过这些讲座，学生不仅能够提高对户外运动风险的认知能力，还能增强自我保护意识和应对突发状况的能力。

(2)充分利用传统传播媒介和现代化传播媒介。在信息时代，传播媒介的作用不容忽视。高校可以通过校园广播、校报、宣传栏等传统媒介，以及社交媒体、校园网站、在线教育平台等现代化媒介，广泛宣传户外运动安全知识。这些媒介可以传播户外运动的安全规范、紧急处理方法、成功救援案例等，以此提高师生对户外运动安全的重视程度。同时，通过媒体宣传，还能帮助户外运动爱好者在参与风险性较高的项目前做好充分准备，避免冲动行事。

(3)播放与户外运动相关的真实事故案例也是一种有效的教育手段。通过播放这些案例，尤其是那些包含事故原因分析、救援过程和预防措施的案例，可以让学生更直观地了解户外运动中的潜在风险，以及如何在遇到紧急情况时采取正确的应对措施。这种直观的教育方式能够极大地提高学生的安全意识，促使学生在参与户外运动时更加谨慎。

2.高校专业教育

在高校体育教育中开设户外运动专业理论和技能等相关课程，建立户外运动技能培训组织，帮助学生学习户外运动知识和掌握其关键技能以及进行实践演练。户外运动经营机构从业者是高校体育、经管专业等相关专业学生毕业后的一个就业方向。要使学生能够熟练地掌握户外运动理论知识、技术技能及管理方法，并能在实践中运用所学知识和技能提供专业指导、服务，或将户外运动经营机构经营好、管理好，妥善处理纠纷，预防意外发生，实现经营机构的安全运营和可持续发展的目标。

高校不仅要对在校生进行专业素质培养，为社会培养专业的户外运动技术人才和管理人才，也可以将学校的教学资源充分利用起来创办培训班，在课余时间为社会人士提供专业培训。另外，高校获得有关部门的批准后可与户外运动经营机构合作创建培训机构，或在地方体育局的领导下创办社会性质的培训班。社会上从事户外运动工作的相关人员可以继续深造，提高自己的业务能力。户外运动爱好者也可以参与培训，积累知识，掌握技能，从而更安全地参与户外运动。高校设置的相关课程以及培训机构开设的课程应该包括运动生理学、运动心理学、运动医学、体育管理学、市场营销学、运动训练学等。

高校通过校内专业教育和校外培训的方式对户外运动人才进行培养，有助于促进户外运动行业的系统化、专业化发展。需要注意的是，要提高人才培养质量需要有优秀的师资队伍，而师资缺乏是制约高校培养户外运动相关人才的重要因素之一。对此，高校应加强优秀师资队伍的建设，引进优秀教师来满足教学和育人的需要。高校在人才培养过程中要加强对户外运动从业者或爱好者专业技术、综合能力的培养，以推动户外运动市场的安全运作及持续发展。

3. 户外运动经营机构专业教育

在高校户外运动安全教育中，除了普及教育外，户外运动经营机构的专业教育同样至关重要。这种教育形式主要针对户外运动经营机构的管理人员、指导人员及其他服务人员进行专业培训，旨在提升他们的专业技能和服务水平，确保户外运动的安全性和专业性。

（1）培训内容应既丰富又专业。户外运动指导人员不仅需要为客户提供技术指导，还要讲解生理学、心理学、康复学等方面的相关知识。这是因为户外运动涉及人体的生理和心理状态，了解这些知识有助于指导人员根据客户的不同需求制定合适的指导方案，提高户外运动的安全性和有效性。同时，指导人员还应掌握一定的康复学知识，以便在客户受伤时能及时提供适当的处理和康复建议。

（2）培训应注重实际操作能力的培养。户外运动指导人员需要具备丰富的实践经验和熟练的操作技能，才能在复杂多变的户外环境中应对各种突发状况。因此，培训应包括实地演练、模拟救援等环节，让指导人员在实践中提高自己的操作能力和应变能力。

（3）培训还应注重安全意识的培养。户外运动经营机构的管理人员、指导人员及其他服务人员应树立安全第一的观念，始终将客户的安全放在首位。培训应包括安全知识的学习、安全意识的培养和安全技能的掌握，以确保在户外运动过程中能够及时发现和预防潜在的安全风险。

（4）培训应注重团队合作和沟通能力的培养。户外运动往往需要团队成员之间的密切配合和有效沟通，才能顺利完成各项任务。因此，培训应包括团队合作和沟通技巧的学习，以提高团队成员之间的协作能力和沟通效果。

总之，高校户外运动安全教育的形式之——户外运动经营机构教育，应注重培训内容的丰富性和专业性，注重实际操作能力的培养，注重安全意识的培养，以及注重团队合作和沟通能力的培养。通过这种教育形式，可以提高户外运动经营机构从业者的专业素养和服务水平，为高校户外运动安全提供有力保障。

（三）户外运动安全教育的原则与要求

开展高校户外运动安全教育要以人为本、以户外运动科学理论为指导并密切结合户外运动实践。

1. 户外运动安全教育的原则

在高校开展户外运动安全教育的过程中，遵循一系列基本原则是确保教育效果和质量的关键。这些原则不仅体现了户外运动安全教育的科学性和系统性，也反映了教育的针对性和实用性。

（1）系统性原则是户外运动安全教育的核心。系统性原则要求安全教育内容全面、有序，涵盖户外运动安全的各个方面。这包括户外运动的目的性、相关性、层次性和整体性。教育内容应相互关联，形成一个有机整体，每个部分都相互影响、相互制约。例如，在讲解登山安全时，不仅要涉及装备使用、天气判断、路线选择等技术层面，还应包括体能管理、心理调适等个人素质的培养。这种系统性的教育能够帮助学生建立起全面的安全观念，提高学生在户外活动中的综合安全能力。

（2）全面性原则是户外运动安全教育的另一重要方面。户外运动安全是一个多层面的问题，涉及自然环境、技术操作、个人体能、心理状态等多个方面。因此，安全教育也应是多层次、多角度的立体结构。在实施安全教育时，应从不同的安全层次出发，全面考虑总体安全因素。例如，对于野营活动，不仅要教授如何搭建帐篷、生火等基本技能，还要教授如何处理野生动物的接触、如何应对突发天气变化等紧急情况。这种全面性的教育有助于学生在面对复杂多变的户外环境时，能够做出正确的判断和应对。

(3)实践性原则在户外运动安全教育中占据重要地位。理论知识虽然重要，但户外运动安全教育的最终目的是提高学生在实际活动中的安全能力。因此，在理论教育的同时，应加入实践内容，提高学生的实操能力。例如，可以通过模拟户外环境进行实地演练，让学生在模拟的紧急情况下学会使用安全装备、进行自救互救等实际操作。这种实践性的教育不仅能够加深学生对安全知识的理解，还能提高学生在实际户外活动中的应急处理能力。

(4)户外运动安全教育中还应强调个性化原则。由于每个学生的体能、心理素质、经验水平等都存在差异，安全教育应根据学生的个体差异进行个性化教学。例如，对于体能较弱的学生，应重点教授如何在户外活动中合理分配体力、避免过度疲劳；对于心理承受能力较差的学生，则应加强心理调适和压力管理的教育。这种个性化的教育能够更好地满足学生的需求，提高安全教育的实效性。

(5)持续更新原则也不可忽视。户外运动安全教育不是一次性的活动，而应是一个持续、长期的过程。随着户外运动技术的不断发展和安全知识的更新，安全教育内容也应不断更新和完善。高校应定期对户外运动安全教育内容进行评估和修订，确保教育内容的时效性和实用性。

综上所述，高校户外运动安全教育应遵循系统性、全面性、实践性、个性化和持续更新等原则，这些原则不仅有助于增强学生的安全意识和提高自我保护能力，还能促进户外运动安全教育的科学化、规范化发展，为学生的健康成长和社会的和谐稳定提供有力保障。

2. 户外运动安全教育的要求

在高校户外运动安全教育的实施过程中，遵循一系列具体要求是确保教育活动顺利进行和达到预期效果的关键。这些要求不仅体现了对国家法律法规的尊重，也反映了教育活动的规范性和实效性。

（1）户外运动安全教育的组织和实施必须依照各种安全管理规章制度。这些规章制度包括防火安全制度、交通安全制度、公共娱乐场所管理制度、社团管理制度等。这些制度的建立和执行，旨在为户外运动安全教育提供一个安全、有序的环境，确保教育活动能够在法律和制度的框架内进行。例如，在进行野营活动时，必须遵守相关的防火安全规定，确保火源的安全使用，防止火灾事故的发生。

（2）户外运动安全教育活动中，学生必须严格遵守国家法律法规和各项规章制度。这意味着在户外运动中，学生要注意自己的人身财产安全，防止各种事故的发生。同时，这也是对学生法律意识和社会责任感的一种培养。

（3）在日常教学及各项活动中，学生应遵守纪律和有关规定，听从指导，服从管理。这是确保教育活动顺利进行的基本要求。通过遵守纪律和规定，学生能够增强安全防范意识，提高自我保护能力。例如，在进行攀岩活动时，学生必须遵循教练的指导，正确使用安全装备，不得擅自行动。

（4）户外运动安全教育应注重户外实践能力的提高。这意味着通过教育活动，学生应掌握和运用户外基本技能，并提高应急能力。这种实践能力的培养，不仅有助于提高学生在户外活动中的安全系数，还能增强学生在面对紧急情况时的应变能力。例如，可以通过模拟户外紧急情况，让学生学习如何进行自救和互救，提高学生在实际户外活动中的求生能力。

（5）户外运动安全教育还应注重学生的心理素质培养。户外运动往往伴随着不确定性和风险，因此，学生需要具备良好的心理素质，以应对各种挑战和压力。

（四）户外运动安全教育的内容

在高校户外运动安全教育的框架内，教学内容的设计和实施是教育效果的关键。目前，户外运动相关课程通常分为理论教学和实践教学两部分，户外运动安全教育也应遵循这一模式。

在理论教学部分，内容主要涵盖户外运动安全基本概论、户外活动常识、户外生存知识，以及户外安全意识与技能等方面。首先，户外运动安全基本概论旨在让学生对户外运动的安全概念有一个全面地了解，包括户外运动中可能遇到的风险类型、安全原则和预防措施等。其次，户外活动常识教育涵盖户外运动的基本知识，如不同户外运动项目的特点、所需装备和技能等。此外，户外生存知识则教授学生在户外环境中的生存技巧，如寻找水源、辨别方向、搭建避难所等。最后，户外安全意识与技能的培养是理论教学的核心，旨在增强学生的安全防范意识和应对突发状况的能力。

实践教学部分则更加注重学生的实际操作能力和应急处理能力的培养。这包括户外生活与活动技能、户外遇险求救与自救技能、户外运动拓展训练的组织与策划等内容。户外生活与活动技能的培养，如野外烹饪、露营技巧等，能够让学生在实际户外环境中更好地照顾自己和他人。户外遇险求救与自救技能的教授则至关重要，它包括如何使用求救信号、基本的急救技能等，这些技能在紧急情况下可能救命。此外，户外运动拓展训练的组织与策划，能够培养学生的团队合作能力和领导能力。

作为一门培训课程，教师首先需要让学生了解将要开展的户外项目的基本理论及实践技能，同时培养学生的各种素质。这包括体能、心理素质、团队合作能力等。待各方面能力和素质达到要求后，可以先进行模拟操作，让学生在安全的环境下练习和掌握技能。随后，可以逐步组织学生到户外进行综合实践，让学生在真实的户外环境中应用所学知识和技能。

从户外安全教育的内容可以看出，户外运动对参与者的身心素质要求较高，参与者需要掌握多种户外技能。因此，户外运动的安全保障需得到足够的重视。高校在开展户外运动安全教育时，应注重理论与实践相结合，培养学生的综合安全能力，以确保学生在参与户外运动时能够安全、有效地应对各种挑战。

(五)户外运动安全教育的方法

户外运动安全教育是开展户外运动的重要内容,必须采取切实可行的措施,并予以落实。

1.安全宣传

在高校户外运动安全教育中,安全宣传作为一种重要的教育方法,发挥着重要的作用。它通过多种渠道和方式,向学生和教职员工传播户外运动的安全知识和技能,增强他们的安全意识和自我保护能力。

(1)编印宣传资料,这些资料应针对户外运动的特殊性,涵盖运动过程中的注意事项、易发事故、自救知识等内容。这些资料可以是图文并茂的小册子、海报、传单等形式,通过直观的图像和简明的文字,向户外运动参与者和爱好者传达重要的安全信息。例如,可以制作专门的户外运动安全手册,详细介绍不同户外运动项目的安全规范、常见风险及应对措施等。

(2)利用多种宣传渠道,这些渠道包括运动场地、交通工具、运动场地宣传册、运动场地门票、运动场地安全宣传栏等。通过这些渠道,可以将安全宣传资料广泛地发放给户外运动参与者和爱好者。例如,在运动场地设置安全宣传栏,定期更新安全知识,提醒参与者注意安全事项;在交通工具上张贴安全宣传海报,让参与者在旅途中有意识地学习和思考安全知识。

(3)系统性的安全教育也是安全宣传的重要环节。在进入户外运动区时,指导人员及组织人员等要先对户外运动参与者进行系统性的安全教育,使其对运动过程中可能发生的问题提高警惕。这种安全教育可以包括现场讲解、示范操作、互动问答等形式,通过生动的教学方式,让参与者更好地理解和掌握安全知识和技能。

(4)组织人员及指导人员等要对意外事件的处理方法及求救方式等进行明确说明,增强户外运动者的安全意识,保障活动顺利进行。例如,可以组织专门的急救培训课程,教授参与者基本的急救知识和技能,提高他们在遇到意外情况时的自救互救能力。

(5)利用现代信息技术，如社交媒体、在线教育平台等，进行安全宣传。通过这些平台，可以发布安全知识文章、视频教程、在线问答等，让参与者在日常生活中随时学习和了解户外运动安全知识。同时，可以建立专门的户外运动安全论坛或微信群，让参与者和爱好者互相交流经验，分享安全知识和技巧。

2. 专业培训

在高校户外运动安全教育中，专业培训是一种旨在提高学生专业知识储备量和设施操控技能的方法。这种培训针对户外运动中涉及安全的设备操作、紧急救援等方面，以确保学生在参与户外运动时能够做到安全、有效地应对各种挑战。

(1)专业培训的内容应包括户外运动中涉及安全的设备的操作。这包括教授学生如何正确使用各种户外运动设备，如攀岩设备、露营设备、水上运动设备等。通过这种培训，学生可以掌握设备的操作方法，了解设备的使用注意事项，从而确保在户外运动中的安全。

(2)专业培训还应涵盖紧急救援技能的培训。这包括教授学生基本的急救技能，如止血、包扎、心肺复苏等，以及如何在户外运动中进行紧急救援。通过这种培训，学生可以在遇到意外情况时迅速采取有效的急救措施，减少伤害和损失。

(3)专业培训要使学生形成规范操作、安全操作的意识。这意味着学生在操作户外运动设备、进行紧急救援等过程中，要严格按照操作规程进行，确保安全。例如，在进行攀岩活动时，学生必须熟练掌握攀岩设备的操作方法，确保设备的稳定性和安全性。为了达到这个目标，专业培训可以采取多种形式。例如，可以组织实地操作和模拟演练，让学生在实际操作中学习和掌握安全知识和技能。同时，可以邀请经验丰富的户外运动指导人员进行现场教学，让学生在实践中学习和提高。

3. 案例警示

在高校户外运动安全教育中，通过利用典型的事件和案例，以生动形象的事实警示学生，增强学生的安全意识和自我保护能力。

(1)高校可在户外运动安全教育活动中对典型案例进行分析、讨论。通过分析事故原因、后果和应对措施，学生可以深刻理解户外运动中可能存在的危险。例如，可以组织学生讨论近年来发生的户外运动事故案例，让学生了解事故发生的背景、原因和后果，从中吸取教训，增强安全意识。

(2)高校可举办有关户外运动安全的专题展览。展览可以展示户外运动事故的图片、视频、报道等，让学生直观地感受到事故的严重性和后果。同时，展览还可以介绍户外运动安全知识和技能，提供实际操作演示，让学生了解如何正确使用户外运动设备、如何进行紧急救援等。通过这种形式，学生可以在视觉和感官上受到冲击，增加对户外运动安全的重视。

(3)案例警示还可以结合实践教学进行。在实践教学中，可以设置模拟户外运动事故的场景，让学生亲身体验事故发生时的紧急情况，学习如何应对和解决问题。例如，可以组织模拟攀岩事故的演练，让学生学习如何进行自救和互救，提高应对突发事故的能力。

(4)案例警示还可以利用现代信息技术，如社交媒体、在线教育平台等进行传播。通过发布户外运动事故案例、安全知识文章、视频教程等，让学生在日常生活中随时学习和了解户外运动安全知识。同时，可以建立专门的户外运动安全论坛或微信群，让师生互相交流经验，分享安全知识和技巧。

二、安全监控体系建设

高校户外运动安全监控的实质是对户外运动进行风险评估，加强风险管理和事故预防的各种管理和教育活动。

(一)户外运动安全监控的认知

户外运动安全监控，作为一种安全管理活动，其背景与目的在于保障户外运动参与者的生命财产安全,增强安全防范意识与自我保护技能。

户外运动安全监控是指为了维护户外活动的正常开展,从实际情况出发,运用技术和管理手段,对户外运动进行风险评估和事故预防。这包括评估户外运动可能面临的风险,制定相应的安全教育和管理规章制度,以及评估和预防违反安全法规的行为。通过这些活动,可以有效地减少户外运动中的安全事故,保障参与者的安全。

户外运动安全监控的背景与我国户外运动的兴起和发展紧密相关。随着户外运动的普及,参与户外运动的人数不断增加,户外运动的安全问题也逐渐凸显出来。因此,加强户外运动安全监控,增强参与者的安全意识和自我保护技能,成为保障户外运动健康发展的关键。

学习和掌握一些安全防范知识,可以帮助户外运动参与者在户外活动中更好地保护自己,避免不必要的伤害。

然而,户外运动通常在复杂和潜藏着各种危险因素的自然环境中进行。在这样的条件下,户外运动参与者面临着各种风险和危险。伤害事故的发生往往是由于客观危险和主观失误共同造成的。因此,为了更好地开展户外运动,加强安全监控显得尤为重要。

总的来说,高校户外运动安全监控是保障户外运动参与者安全的重要手段。通过加强安全监控,可以有效地减少户外运动中的安全事故。因此,高校应重视户外运动安全监控的实施,为户外运动的参与者提供更好的安全保障。

(二)户外运动安全监控的功能

安全监控的主要目的是将安全信息量化,形成一份完整的报表,将各种风险因素进行分析对比,权衡风险因素发展态势,从而实现风险因素的管理和安全的保障。就高校户外运动来说,安全信息是指与户外运动开展有关的各种信息,泛指一切有关人的身体、心理,以及环境等方面的知识、技术、观念等。高校户外运动安全监控通过对学生个体或群体活动状况或未来可能出现风险的量化评估,筛查出户外运动的主要安全问题及风险因素,并对风险因素造成的危害程度与干预的重点与成效进行排序,为户外活动安全管理提供科学的信息基础。

1.防范事故于未然

安全监控在高校户外运动安全中发挥着重要的作用,它通过对潜在危险进行实时监控和及时处置,实现对事故的事前管理。这种预防性的措施可以有效预防事故的发生。

2.识别风险因素,确定管理方案

户外风险因素是指影响户外运动正常开展的各方面因素,通常情况下,影响户外运动安全的因素大致分为参与者因素、设备因素、环境因素以及组织管理因素。风险因素在学生个体与群体身上的发生和表现复杂多样,户外运动中多元化的风险因素并存且相互影响。通过安全监控,可以有效地鉴别学生参与户外运动的主要安全问题和危险因素,从而有利于帮助学生综合、正确地认识户外风险因素及其危害,确定安全管理的目标。对各种户外风险因素进行评估后,可以有针对性地制定管理方案,提高户外运动开展的科学性与安全性。

3.保障应急救援的成功实施

安全监控在高校户外运动安全中发挥着至关重要的作用,它是发现险情、预防和处理事故的关键举措。通过建立健全的安全监控规范,高校能够建立起良好应急机制,从而在突发事故时,能够按照既定的应急预案,及时进行救援抢险。这种高效的应急响应能力对于保障户外运动参与者的生命安全和减少事故造成的损失至关重要。

高校户外安全监控的中心任务不仅在于预防和控制危险源,还在于当户外运动事故发生时,能够保证户外救援工作有条不紊实施。这意味着在事故发生后，高校应能够迅速启动应急预案，组织救援队伍，提供必要的救援物资和设备，确保救援工作顺利进行。此外，高校还需要对救援人员进行专业培训，提高他们的救援技能和应变能力，确保他们在紧急情况下能够有效地开展救援工作。

高校还应加强与当地政府、救援机构和社会组织的合作，建立多元化的救援渠道。在事故发生时，高校应能够迅速调动各方资源，形成合力，共同开展救援工作。这种合作与协调机制有助于提高救援效率，减少事故造成的损失。

4.创造良好的经济效益与社会效益

高校户外运动安全监控的实施，通过应急预防与风险控制，能够有效地避免和减少事故的发生，能够减少人员伤亡和降低事故损失。

高校户外运动安全监控还有助于防止对环境的污染和对社会的不良影响。在户外运动中，如果发生事故，可能会对自然环境造成破坏，如火灾。安全监控还能维护社会的和谐稳定，减少因事故而引发的社会矛盾和纠纷，为社会创造积极的社会效益。

高校户外运动安全监控工作的主要目的是避免户外运动中事故的发生，减少人员伤害，提高户外运动开展的可行性。这体现了“以人为本、生命至上”的户外运动文化理念和安全观念。

（三）户外运动安全互控体系的构建

高校安全互控体系是一个综合性、多层次的工作系统，旨在通过自控和他控两个方面的相互协作，最大限度地避免安全事故的发生，并使安全事故的损害降到最低。这一体系包括自控体系和他控体系两个主要部分，它们各自独立，但又相互影响、相互制约，共同构成了高校安全互控的整体框架。

1.自控体系构建

在自控体系的建设中，个体作为关键的一环，发挥着重要的作用。自我控制是个体通过一系列心理过程，自觉确立目标，制定实施计划，排除干扰因素，克服种种障碍，以某种方式调控自身行为，最终实现预定目标的过程。

(1)提高自我意识是自控体系的基础。每一个参与户外运动的个体，都应具备强烈的安全意识。这要求他们不仅要主动了解户外运动的安全问题，更要积极学习相关的实践经验。在户外运动的过程中，要时刻保持高度的警觉，对可能出现的安全隐患及时识别并采取相应的防范措施。

(2)了解自我能力是自控体系的重要一环。每个参与户外运动的人都需要对自己的体能状况、心理素质及运动能力有准确的认识。在选择户外运动项目时，应根据自己的实际情况和能力来做出合理的选择，避免盲目跟风或超能力挑战。

(3)提高专业知识和技能素养是自控体系的核心。这包括了对户外运动相关知识的全面学习，如安全知识、组织技巧、运动技术等；同时也包括了对专业技能的培养，如基本装备的使用方法、急救技能等。这些知识和技能的学习，不仅能够帮助个体在户外运动中更好地保护自己，还能在紧急情况下提供有效的救援。

(4)正确选择和使用运动装备也是自控体系不可或缺的一部分。个体在选择运动装备时，应优先考虑标准的有质量保障的产品。在使用装备前，应仔细检查其完好性和功能性；在使用后，也应及时进行保养和维护。避免使用有安全隐患的装备，是预防安全事故发生的重要措施。

(5)提高自我心理素质也是自控体系的关键一环。稳定的心理素质有助于个体在户外运动中更好地适应环境、融入集体，并能有效应对各种突发情况。此外，良好的心理素质还能提高个体的应急反应能力，使其在遇到危险时能够迅速做出正确的判断和采取相应的行动。

(6)遵守法律法规是自控体系的根本保障。户外运动参与者必须严格遵守国家的相关法律法规。这不仅是对自身安全的负责，也是对社会公共安全的尊重。做一个懂法、守法的合格户外运动者，是每个参与者的基本素质和责任。

2.他控体系构建

他控指的是外界对主体行为的控制和约束。在高校户外运动安全中，他控体系主要依赖于外界的压力和措施，对参与户外运动的学生和相关人员进行必要的控制和引导。这种控制并非简单地限制或禁止，而是通过科学、合理、有效的手段，确保户外运动的安全和顺利进行。

(1)构建他控体系需要从多个方面出发，其中改善环境是至关重要的一环。自然环境是户外运动的基础，因此，必须重视自然环境的安全性和舒适性。高校应该加大对户外运动场地的投入，完善监控预警系统，提前监测可能发生事故的区域，并制定相应的预警机制。同时，社会环境也不容忽视。高校应该选择治安良好、医疗卫生条件优越的地方进行户外运动。

(2)人为约束是他控体系的另一个重要方面。户外运动过程中应该配备专业的医疗人员，以便在发生意外时能够及时进行处理和救治。对户外运动经营从业者进行资格认证也是必要的措施。通过全面考核组织者和领队及指导人员的专业能力，可以确保他们具备足够的专业素养和经验，能够有效地指导和管理户外运动活动。参与户外运动的学生也应该具备团队合作意识和集体主义精神，遵守相关规定和纪律，共同维护户外运动的安全和秩序。

(3)法律法规的健全是他控体系的重要保障。一方面，国家要出台专门的户外运动法律制度，如户外运动经营者监管制度、户外运动消费者权益保护法律等，明确各方的权利和义务，规范市场行为。另一方面，国家要出台相关法规，包括全国性、地方性法规和行业法规等，形成完善的法规体系，为户外运动的安全和有序发展提供有力保障。

(4)监管引导也是构建他控体系不可或缺的一环。高校应该加强对户外运动相关企业、相关人员以及相关部门的监管引导工作。对于户外运动相关企业，要严格执行市场准入制度，加强对企业资质和运营能力的审核把关;对于相关人员,要加强培训和考核,增强他们的专业素养和责任意识;对于相关部门,如救援部门、保险部门等,要加强协调合作,形成合力,共同保障户外运动的安全和顺利进行。

(5)救援保障是户外运动安全中至关重要的环节。尤其是在户外极限运动项目中,由于环境的复杂性和不确定性,事故风险相对较高。因此,完备的救援工作需要社会和政府多部门的协调合作。高校应该积极与当地政府和相关部门建立紧密的合作关系,共同构建包含救援人员、救援机构和救援设备等要素在内的救援保障体系。同时,高校也应该加强对学生的安全教育和培训,增强学生的自救能力和风险意识,减少事故的发生和降低损害程度。

三、安全保险体系建设

(一)户外运动保险的认知

保险,这个词在人们的日常生活中并不陌生,但其真正的含义,却常常因为角度的不同而有所差异。从法律的角度来看,保险可以被视为一种基于契约的权利和义务关系,这种契约关系规定了保险人和被保险人之间的责任与权益。换句话说,保险是一种法律上承认的、具有约束力的合同关系,它确保了当特定风险事件发生时,被保险人能够得到经济上的补偿。

从更广泛的社会视角出发,保险不仅仅是一种法律上的契约,更是一种经济制度。这种制度通过集合大量的个体,将风险分散到整个社会层面,从而实现了减少个体损失、稳定社会经济秩序的效果。在这个过程中,保险公司作为中介机构,扮演着风险管理者和资金调配者的双重角色。

随着社会的不断进步和人们生活方式的多样化,户外运动逐渐成为现代人追求健康、挑战自我的重要方式。与此同时,户外运动中的风险也在不断增加。这时,户外运动保险应运而生,成为保障户外运动参与者安全的重要手段。

户外运动保险，顾名思义，是针对户外运动参与者设计的一种保险产品。它不同于传统的保险，其保障对象、范围以及侧重点都有着独特的特性。这是因为户外运动往往涉及更为复杂和多变的环境因素，以及更高的风险性。因此，户外运动保险在设计上需要更加细致和全面，以应对可能出现的各种风险情况。

首先，户外运动保险在解决社会纠纷方面发挥着重要作用。由于户外运动涉及众多参与者，以及复杂的环境和风险因素，难免会出现各种纠纷和事故。这时，户外运动保险就能够为参与者提供经济上的保障，帮助他们解决因事故造成的损失和纠纷。这不仅有助于降低社会管理成本，提高社会保障水平，还能够促进社会的和谐稳定。

其次，户外运动保险还具有分散与转嫁风险的功能。在户外运动中，参与者往往会面临自然灾害、意外事故等风险。这些风险一旦发生，往往会给参与者带来严重的经济损失。而户外运动保险则能够通过市场手段，将这些风险转嫁给保险公司，从而实现风险的分散和转移。这样，即使发生意外情况，参与者也能够得到及时的经济补偿，减轻他们的负担和压力。

随着户外运动的普及和发展，广大户外运动参与者对运动保险的需求也在不断增加。这是因为参与者本身就具有广泛性，而户外运动也具有层次性和多元性。不同的参与者有着不同的需求和风险承受能力，因此需要保险公司设计出丰富多样的保险产品来满足广大用户的需求。这不仅有助于推动户外运动保险市场的发展，还能够提高保险公司的竞争力和创新能力。

（二）户外运动保险体系的构建

1. 开发专项保险产品，提供精准化保险服务

随着户外运动的风险因素越来越多，包括自然环境的突变、人为操作的失误等，这些都可能导致参与者遭受意外伤害。因此，户外运动参与者对保

险的需求日益增长，专项保险产品的开发显得尤为迫切。

体育保险作为商业保险在体育领域的细分，涵盖了竞技体育保险、群众体育保险和学校体育保险等多个方面。目前我国体育保险产品在商业保险中的占比并不高，无法满足日益增长的户外运动保险需求。由于保险产品的缺乏，户外运动中发生的意外事故往往难以得到及时有效的解决，参与者的损失也无法得到充分的赔偿。这不仅影响了户外运动的健康发展，也制约了体育保险市场的进一步拓展。

为了解决这一问题，保险公司应积极开发户外运动专项保险产品，提供精准化的保险服务。具体来说，保险公司可以从以下方面入手：

(1)保险公司应遵守相关法律制度及行业规章制度，确保户外运动保险产品的开发与推广符合法律法规的要求。同时，保险公司还应加强对户外运动保险的管理与优化，确保这类保险在市场上能够真正发挥作用，为户外运动参与者提供有效的风险保障。

(2)保险公司应从实际出发，深入了解户外运动参与者的需求以及户外运动中常见意外事故的产生因素、发生特点和造成危害等。通过对这些实际情况的深入分析和研究，保险公司可以开发出更加符合现实需要的保险产品，使被保险者能够享受到专业化、个性化、精准化的服务。

(3)在开发户外运动专项保险产品时，保险公司还应关注产品的层级性。由于户外运动参与者的风险承受能力和需求各不相同，因此保险公司应开发不同层次的产品以满足不同人的需求。例如，对于高风险、高难度的户外运动项目，可以开发高保额、高保障的保险产品；而对于一些风险相对较低、普及度较高的户外运动项目，则可以推出保费适中、保障实用的保险产品。

(4)保险公司还应加强与户外运动组织、相关政府部门以及医疗机构的合作与沟通。通过与这些机构的紧密合作，保险公司可以更加深入地了解户外运动的风险特点和保障需求，从而开发出更加符合市场需求的保险产品。

在推广户外运动保险产品时，保险公司还应重视宣传和教育工作。通过举办保险知识讲座、发放宣传资料等方式，提高户外运动参与者对保险的认识和了解程度，增强他们的保险意识和风险意识。同时，保险公司还可以通过线上线下的方式，为参与者提供更加便捷、高效的投保和理赔服务，提升客户满意度和忠诚度。

2. 树立正确理念，构建利益主体共赢机制

为了确保户外运动的安全和顺利进行，必须树立正确的理念，构建利益主体共赢机制。这一机制涉及户外运动参与者、经营机构、资源供应商、第三方服务机构以及相关部门和保险公司等多个利益主体，只有各方相互合作、互利共赢，才能确保户外运动的健康发展。

(1)户外运动参与者作为一级利益主体，应该具备高度的安全意识和风险意识。户外运动参与者应该主动购买能够满足自己需求的个性化、定制化户外运动保险产品，以降低自身承担的风险。在选择保险产品时，参与者应充分了解产品的保障范围、理赔条件等细节，确保所选产品能够真正起到保障作用。同时，参与者不应完全寄希望于经营单位的自带责任险，而应主动承担自己的责任。

(2)户外运动经营机构作为二级利益主体，在户外运动中扮演着至关重要的角色。为了确保经营活动的安全和规范，必须完善其资格认证标准和制度。根据户外运动项目的风险系数，制定不同的认证标准。在认证过程中，应重点关注经营机构从业者尤其是领队及指导人员的技术技能、安全保障技能、管理能力等方面的表现，进行严格审查。同时，经营机构还应加强对从业人员的培训和教育，增强他们的专业素养和责任意识，确保他们能够为参与者提供安全、专业的服务。

(3)户外运动的资源供应商、第三方服务机构等三级利益主体或“蛰伏利益主体”，在户外运动产业链中也发挥着重要作用。这些主体应充分认识到自身的责任和风险，积极购买相关责任险，以降低自身承担损失的风险。

同时，他们还应加强与经营机构和参与者的沟通与协作，共同推动户外运动产业的健康发展。

（4）有关部门和保险公司作为四级利益主体或边缘利益主体，在构建共赢机制中也发挥着重要作用。有关部门应加强对户外运动产业的监管和指导，制定和完善相关法律法规和政策措施，为产业发展提供有力保障。同时，还应加强与经营机构、资源供应商等主体的沟通与协作，共同推动产业的规范化、标准化发展。保险公司则应围绕其他利益主体的需求进行商业布局和产品开发，提供定制化和个性化的保险产品，满足各方对保险的精准需求。通过提供优质的保险产品和服务，保险公司不仅能够实现自身的发展壮大，还能够为其他利益主体提供有效的风险保障。

在构建利益主体共赢机制的过程中，各个级别的利益主体应打破封闭状态，树立“同呼吸，共命运”的科学理念。通过相互沟通、友好互动和优势互补，共同致力于推动户外运动产业的健康发展。具体而言，各方可以通过定期召开座谈会、研讨会等方式加强交流与合作；可以共同开展市场调研和产品开发工作，以满足市场的多样化需求；还可以建立信息共享和风险评估机制，共同应对潜在的风险和挑战。

此外，为了确保共赢机制的顺利实施和有效运行，还需要建立健全的监督机制和奖惩机制。监督机制可以确保各方遵守规则和约定，履行自己的职责和义务；奖惩机制则可以激励各方积极参与合作，共同推动户外运动产业发展。通过这些机制的建立和完善，可以确保利益主体共赢机制真正发挥实效，为户外运动产业的可持续发展提供有力保障。

第三章 高校户外运动类课程设计、教育模式与资源开发

第一节 高校户外运动类课程设计

户外运动类课程具有融入自然、挑战自我的特性,有利于激发青年学生的兴趣和参与性,能够提高青年学生实践技能,拓宽知识体系,培养创新精神。户外运动类课程作为高校体育课程的拓展,符合课程改革的理念,可促进学生的体育素养发展,完善高校体育课程结构。

户外运动类课程对高校学生综合素质的培养和完善体育课程结构都具有重要的意义①,课程设计是课程的实质性结构、课程基本要素以及这些要素的组织形式或安排。课程的基本要素一般包括目标、内容、教学组织及评价,“设计”是指建立在综合分析基础上的精心规划和预先制定。

一、户外运动类课程设计原则

第一,开发与利用相结合原则。鉴于户外运动类课程初步开设,应特别注重资源的开发和利用。这一原则强调在设计课程时要充分考虑周边自然环境的特点,并合理利用现有资源,以最大程度地提高教学效果。通过认真挖掘和充分利用周边环境,可以为学生提供更为丰富、实际的户外运动体验。

---

①屈秦沁,杨兴刚 . 户外运动类课程体系构建研究[J]. 拳击与格斗,2020(22).

第二,健身与休闲结合原则。户外运动类课程不仅是为了满足学生的健身需求,更应当引导学生在自然环境中休闲放松,回归自然,发展个体的身心健康。户外运动类课程设计应当注重在锻炼身体的同时,培养学生对户外环境的热爱和欣赏,使其在锻炼中获得愉悦感和休闲体验。

第三,身心全面发展原则。户外运动类课程本身就具有身心多维活动的特点,因此每一堂课的教学都应遵循学生身心全面发展原则,考虑多种教学目标有机统一。通过综合运动项目的设置,确保学生在体能、认知、社交等各个方面得到全面提升,促使他们在户外运动中实现身心的均衡发展。

第四,安全性原则。户外运动类课程通常以自然场地为活动场所,尤其是在学校没有建成相对成熟的教学场地的情况下,安全性成为该课程的突出问题。因此,坚持安全性原则尤为重要。在课程设计中应制定严格的安全操作规程,确保学生在户外活动中的安全,提高学生对自身安全的意识。

二、户外运动类课程目标设计

运动参与目标:通过户外运动类课程独有的特点吸引广大学生积极参与各种户外运动,编制可行的个人户外运动计划,形成一定的户外运动项目的欣赏能力。

运动技能目标:使学生获得户外运动项目群如攀岩、徒步、户外拓展训练、定向运动、野外生存、户外运动创伤的处置等基础知识、基本技术。

身体健康目标:通过户外运动增强身体素质,能够在户外条件下健康生活,拥有良好的体能。

心理健康目标:通过学生亲身体验和感受户外运动,培养学生创新思维能力和勇于挑战的意志品质,改善心理状态,养成积极乐观的生活态度。

社会适应目标:让学生在课程学习中,提高人际交往能力和实践能力,表现出良好的自我超越和团结合作精神。

三、户外运动类课程内容设计

户外运动类课程可以设计为一个学期，36学时，其中理论课10学时、实践课18学时，教学考核4学时，综合实践课为4学时。为了实现户外运动类课程目标，依据专家意见和户外运动项目群的划分，户外运动类课程的内容主要包括以下主题模块：户外运动基础知识、户外运动医学、户外运动攀岩技术及组织与保护、定向运动、野外生存生活能力训练、综合实践、教学考核，以及贯穿课程的户外身体素质练习。

课程内容安排的目的任务如下：

第一，户外运动基础知识让学生了解户外运动，理解课程的意义，激发学习的动机。

第二，户外运动医学知识提高学生在野外伤病防治、户外运动损伤处理及户外饮食及卫生知识技能。

第三，户外拓展训练不仅是课程的重要组成部分，其重要意义在于增强学生团队合作精神，让学生更深刻地体验在户外运动中，个人与集体之间的关系，从而激发学习热情，增强团队凝聚力。

第四，在攀岩与保护部分，不仅让学生体验攀岩健身、娱乐、竞技的魅力，学习攀岩技术装备使用和攀岩技巧，还着重提高组织攀岩的绳结技术和保护方法。

第五，定向运动是集智力与体力发展的运动项目，课程重点在运用地图、指北针定点和定向，提高学生在野外方向判定和奔跑的能力。

第六，野外生存生活能力训练以理论与实践相结合的教学方式进行，教授学生户外露营、用具制作、野外险情处理、搭建炉灶和野外自救与互救等。

第七，综合实践是对以前学习内容的综合运用与实践拓展，提高学生在真实环境中运用户外知识技术的能力，培养学生互相帮助、团结协作的团队精神，让学生学会挑战，磨练勇敢顽强的意志品质。

第八,教学考核部分,注重通过考核促进学习,强化考核的激励、发展功能,采用多元综合评价的方式进行。

四、户外运动类课程教学组织

教学进展可按照校内准备和校外实践拓展两个环节结合的方式进行。在周末或假期进行校外综合训练,作为校内准备课程的延伸。

理论课运用多媒体进行教学,主要讲授户外医学知识、定向方法、野外生存的技巧、饮食卫生、自救求救的基本知识;实践课则注重学生户外攀岩技术、绳结保护技能及野外生存技术技能的培养。通过设置不同的情景,让学生将所学的技术知识在实践中加以运用,培养学生户外应变能力。

教学分组情况根据教学进程而定,一般5~8人1组,男女生搭配,分组后选出组长,实行组长负责制,教学中要注重互动。一般安排在课程结束前进行户外身体素质练习,练习时间一般为15~20分钟。

综合训练课程可选择风景区进行,采用徒步穿越进行课程教学是理想的选择。在风景区可进行丛林穿越、攀岩、野外定向、搭绳过涧、修建营地、野炊、捕鱼、户外医学、山地自行车、篝火联欢晚会等教学内容。课程综合训练要时时培养学生的环保意识。

五、户外运动类课程教学建议

第一,加强户外运动类课程开设前的宣传。在户外运动类课程开课前,有必要在整个校园营造关注户外运动的氛围。可以通过校园网络、广播站、校园告示栏、校报等媒体进行宣传。此外,还可以组织户外运动联谊会、驴友团以及专业知识讲座等活动,让学生更直观地了解户外运动。

第二,整合校内外的户外运动资源。尽管我校的户外运动类课程资源条件较好,但由于以前从未开设户外运动类课程,因此在开设初期可能受到场地和设施条件的限制。为了拓展课程内容的广度和深度,需要充分挖掘资源,为户外运动类课程提供物质支持。

第三，加强师资队伍建设。户外运动类课程的开设需要专业的教师支持。可采用多种形式对户外运动类课程教师进行系统培训，例如采取“走出去，引进来”的方式，鼓励教师进行再学习，以确保户外运动类课程的质量。

第四，建立健全的户外运动安全保障措施。由于户外运动具有其特殊性，该项目群并非在固定场地设施上进行。应根据参与对象的实际情况制定合理的户外运动计划，排除安全隐患，做好安全事故的预防工作。

第二节 高校户外运动类课程的体验式教育模式

一、体验式教学

（一）情境体验教学

情境体验式教学指的是对某个知识点，教师运用音乐、道具、特定的游戏等设计相关的情境，使学习主题和学生的实际生活相结合，师生经过协作探讨之后进行切入性的深层次分析，然后教师让学生用最直接的形式对理念和知识进行感悟和吸收。在教学过程中，教师的任务是指引学生按照相关流程和逻辑对相关问题进行讨论和思考，并使其最终获得自己的理解。情境教学的目的是使学生能够真实且充分地体验并感悟，将学生内在的和谐发展机制调动起来，进而促使知识实现有效转化。

教师在进行情境设计时既要考虑教学条件和课程内容等因素，采用不同的方式与手段，还要进行通盘规划，在教学过程中交互应用或整合使用不同方法与手段创设的情境，给学生一种良好的体验，避免出现“情境体验疲劳”现象。

1.创设情境

创设一个好的情境是教师引导学生进行情境体验的关键。所以，在教学过程中，教师要将一切资源都利用起来，采取适当的方法或者手段，创设出一个相对真实且生动的情境。

(1)运用语言创设体验情景。在人类社会中有许多传递信息的符号系列,其中被使用得较为频繁和广泛的就是语言。语言传递的内容之广、速度之快是其他任何一种形式所无法比拟的,语言又是一种最便捷的传递方式,它无须借助于其他任何的外在工具。因此,最为便捷、最为经济的手段便是运用语言创设情境。运用语言创设情境指的是教师使用情趣、生动、形象的话语,将事件发生的场景、事情的经过、人物的内心世界等描述或勾勒出来,让学生在描绘过程中进入情境,进行深刻而有意义的体验。对一些时空跨度较大的营销实际问题,学生不便于进行真实情境的体验,而教师运用语言创设情境让学生从中获得体验是最佳选择。

(2)运用多媒体创设体验情景。文本、图像、动画和声音等多种媒体被集合在一起是多媒体最为显著的特征,多媒体在表现力、感染力和吸引力方面较为突出。运用多媒体创设体验情境指的是教师利用光、声、形、色的传递,把学生的感官有效地调动起来,把学生的情感活动诱发出来,把学生的注意力和兴趣激发出来,让学生入情入境,一心一意地进入情境教学之中。

2. 引导体验

体验情境创设完成后,学生应该在教师的引导下对情境的内涵进行挖掘,对情境的特征进行分析,对情境的问题进行探究,从不同的方面体验情境。教师在引导学生进行情境体验的时候,要注意以下问题:

(1)确定情境中的“体验点”。所谓“体验点”是指那些能够建立新旧知识联系、引起学生情感共鸣的情境。在众多情境中,只有极少数点具备真正的体验价值。因此,实现有效体验的关键在于准确找出这些“体验点”,这在某种程度上决定了情境利用效果的成败。

(2)把握引导的时机。学生在情境中会有各种体验,有些是消极的,而另一些可能是积极的。对于学生的这些体验,教师应及时进行引导,使学生的体验朝着积极的方向发展。教师进行引导的前提是确保学生确实需要或者教师认为是必要的。如果教师对学生的体验随意进行引导，将可能对学生的思维产生严重干扰。

(3)调适引导的力度。教师的引导不仅要避免过于空泛，以免学生无法找到重点，还要避免过度干预，用“指示”或“牵引”代替引导。只有教师将引导力度控制在适当范围内，才能确保学生的主体性得以充分发挥，防止学生盲目听从。

(二)活动体验教学

体验的产生，首先源于体验者亲身接触体验对象时获得的感受。体验式教学不可或缺的组成便是活动体验教学。亲自参与活动而得到的体验或感受要比单纯的讲解、分析或者说教更深刻，更让人难以忘却。在教育实践中，人们也发现学生投入活动中比平静地学习或仅仅旁观更容易产生情绪体验。因此，在活动中“以身体之，以心验之”更加具有特殊的意义。

设计活动的一般思路为：基础调研—主题确定—过程调整—点评修正。在具体设计时，每个步骤都有技术性方法可以遵循，不过体验活动的设计依然是重中之重。在确定活动设计的思路并且明确体验教学活动的设计需求后，我们可以使用下列方法对体验活动进行设计。

1.考察与调研设计

考察与调研的形式有多种，如实地考察与调研、座谈、采访和网络调研等。其中实地考察与调研是被运用最多的方式，网络调研是学生乐于采用的新形式。考察与调研活动能让学生深入现场并全面进行感受，使学生的视野不断拓宽，是课堂学习的延续和深化。考察与调研活动的设计要将考察的对象和任务明确下来；活动前学生要将资料、工具等准备好；任务会有一定难度，特别是校外考察与调研；考察与调研过程中，教师要注意组织和引导，考察与调研结束后师生要及时进行交流、考核和评价。

2.竞赛活动设计

激发学生情绪的一种活动是竞赛。竞赛有助于学生构建宽广的心理场域,调动其主体性,积极参与到教学活动中。竞赛能唤起学生内在的动力,激发他们的斗志,使他们保持积极向上的态度,并获得积极的学习体验。此外,竞赛不仅对培养学生的意志力、团队精神、荣誉感等方面具有积极作用,还能让学生正确对待成功与挫折。

在设计竞赛活动时,教师需要特别注意内容的难易度,确保每个学生都有机会获得成功的体验。竞赛活动一般包括四个步骤:确定竞赛主题与内容、竞赛准备、比赛和评判。具体过程如下:首先,根据课程目标和内容要求确定竞赛主题;其次,按照自愿原则将全班学生组成若干个5~8人的小组,在课余时间进行资料收集和竞赛准备,实施小组自主学习;再次,利用课堂时间组织比赛,每个小组选出代表(通常是1~3人),通过语言、表演、多媒体等多种形式参加比赛;最后,评判可以采用教师评判、师生评判、学生评判等形式,倡导学生参与评判,以培养学生鉴别事物的能力和公正的处事态度。

3.探究活动设计

探究活动是一种教学方法,教师在选择和确定研究问题时,主要依据实际存在的问题、文本或资料等。在此基础上,创设类似科学研究的活动情境,引导学生以类似科学研究的方式进行一系列较为独立的探究活动,如调查、搜集和处理信息、表达、交流等。这有助于激励学生积极参与探究,让他们自主发现知识、主动去探寻或构建知识、理解信息和解决问题。这个活动打破了纯粹传授和教授知识结论的框架,学习的过程也通过主动追求、发现知识并重新创造的方式替代了被动接受已存在的知识或理论的过程。

在设计探究活动的过程中,需要保持实事求是的态度,学生的经验和认知水平是设计探究活动主题的基础。探究活动注重活动过程和学生之间的反思。进行探究活动要分六个步骤:提出科学问题;根据已有经验和知识提出假设和猜想;收集数据和证据;解释和分析;评价和评估;交流和内化。

探究活动以个人或小组形式开展,强调知识的应用性,引导师生从现象到本质进行自主思考,并通过交流相互启迪产生对事物本质的全面认识,从而实现知识的全面运用和能力的全面提高。根据学生自身关心的问题进行学习与探索,可以使学习主体建立在“我要学”的基础上。同时,在探究的过程中,教师和学生的沟通、学习、创新和协作等综合能力和素质得以培养。

探究活动中不可忽视的一个环节是交流,它具有经验共享、知识内化、能力提升等作用。对学生而言,同龄人之间的经验分享至关重要,因为学生的成长、态度和行为的变化往往在选择同辈群体的观点中完成。尤其是在现今提倡通过交流进行经验分享与辩论的背景下,学生的体验得到了更加丰富的发展。在设计交流时,教师需要注重平等、开放,并创造出民主、热烈的氛围,同时强调正确的价值观引导。

二、高校户外运动类课程的体验式教学

随着社会发展和人们生活水平的提高,户外运动逐渐成为大学生体验丰富、锻炼身体、培养团队协作精神的理想选择。高校户外运动类课程的体验式教学,不仅拓展了课堂教学的边界,更为学生提供了丰富的实践机会,促使他们在自然环境中培养领导力、合作精神和解决问题的能力。

体验式教学强调学生的主动参与和实践探索。在户外运动类课程中,教师往往不再是传统的知识灌输者,而是更像是引导者和激励者。课程设计包括实地考察、团队合作项目、模拟挑战等,通过实践带动学生深度思考,激发他们对于知识的独立探求欲望。另外,体验式教学注重学生的全面发展,户外运动类课程为学生提供了独特的成长机会。学生在挑战自我的同时,培养了自信心和勇气;在团队协作中学会了倾听和尊重;通过户外活动,他们感受到了自然的奇妙之处,激发了对环境保护的责任感。这些都是传统课堂教学所无法提供的宝贵体验。

高校户外运动类课程的体验式教学需要不断改进与创新。教师可以结合先进的技术手段，拓展课程的边界。同时，加强与社会资源的合作，开展更多实际案例研究，使课程更加贴近社会需求，提高学生实际应用能力。

第三节 高校户外运动类课程的资源开发

一、加强学校领导重视程度

学校应多鼓励体育教师或户外运动专业教师参与相关培训与学习并给予一定的资助支持，使教师具备课程资源开发的意识和能力，营造一个良好的课程资源开发氛围，调动教师学习的积极性。同时应建立完善的户外运动体育教师培训机制，定期检查教师的业务能力，对教师专业技能、教学方法以及理论知识储备进行考核，并将以上内容纳入体育教师年终评定、职称评价的主要条件。除此之外，应完善本校户外运动类课程教学硬件设施，督促教师开设更多的特色户外运动项目，单一的户外运动项目是影响户外运动类课程开展的重要因素之一，直接降低了学生对于户外运动类课程项目的兴趣，完善课程教学硬件设施，不仅提升了户外运动类课程的教学质量，还丰富了学生课堂及课余体育文化生活。

二、加强户外运动类课程师资队伍建设

教师在课程资源的开发中是最有价值的资源，也是课程资源开发的必要前提条件。因此，教师教学能力的提升以及专业素质的加强和潜在的绩效可以使校内户外运动类课程资源的开发获得最直接、最高质量的效益。学校应注重户外运动教师业务能力方面的培养，使教师能够正确认识到新课标下学校体育的“大体育”特色，通过培训提升他们，使其具备新课程标准要求的专业素质与教学能力。培养户外运动教师主要通过三个方面进行：①对新入职教师进行岗前培训，使新教师具备基本教学技能。②对在职教

师实施继续教育工作培训，并将课程资源开发作为一项重要培养内容。户外运动教师必须具备的技能除了教学能力外，还包括户外运动类课程资源开发能力。③对体育教育专业学生中具有户外运动兴趣的学生进行强化教育，为高校教师储备提供资源。

三、加大课程资源开发经费投入

户外运动对场地的需求是必不可少的。要想提高户外运动类课程的教学质量，需要得到校方的重视，并争取足够的财政支持以支持课程的开展。首先，在没有条件的情况下，要充分开发和利用校内户外运动场地和校外自然户外运动场地，以丰富户外运动类课程的内容资源，使其更加多样化。例如，拥有较大湖泊或靠近水资源丰富地区的学校适合开展水上项目，如皮划艇和垂钓课程；地形复杂且校园面积较大的学校适合开展校园定向运动和户外拓展等；学校内有双层体育场馆、大树等校园适合开展绳降项目；校内有山且山体坚硬则可考虑开展攀岩项目。可以说，校园内的一花一草一石一木均可合理开发利用，用于开展户外运动项目。

如果高校的户外运动器材设备资源无法满足学生需求，可以采取以下措施：①对于一些可用手机软件替代的户外运动仪器（如“多锐运动”等），可以节约资金消耗；②制定令校领导满意的课程发展和规划，争取学校购置户外运动类课程所需的器材和道具；③与邻近学校共享户外运动器材资源，既满足课堂需求，又可以多开展大型户外运动比赛，增加学校之间的学术交流；④努力争取政府主管部门的支持，出资购置户外运动器材，建设大型户外运动训练基地。

四、整合校外户外运动自然场地资源

户外运动类课程对场地的要求非常高，需要在开阔并且地理环境复杂的场地中开展的，然而校内的户外运动场地一般多为平坦且较为简单的地形，并且校园面积有限，致使校内户外运动场地在一定程度上无法满足户外运动类课程的开展与实施,所以这时就需要将校外周边的一些自然场地充分利用起来。

第一,学校开展户外运动类课程同时,可开展户外运动教学的校外自然场地一定要将其充分整合,明确校园周边可利用的资源并加以充分利用,提高户外运动类课程的教学质量。

第二,与大型户外运动训练基地可展开合作,充分利用现已有的户外运动训练基地来开发户外运动类课程内容及场地资源,或在校外建设一些可供高校共享使用的户外运动基地。

第四章 高校拓展训练课程的教学实践

第一节 户外拓展训练的项目与特性

一、户外拓展训练的项目分类

拓展训练就是一种户外运动体验式学习。①户外拓展训练作为一种全面培养学生综合素质的教育手段，其项目分类主要包括破冰类、沟通类、团队类、领导类和高空挑战类等多个方面。

(一)破冰类项目

破冰类项目的首要目标是打破参与者之间的陌生感和沉默局面，促使他们建立初步的联系。这类项目通常包括一系列富有创意的游戏和活动，通过团队协作和互动，帮助参与者更好地了解彼此，拉近彼此之间的距离。通过在活动中创造轻松、愉快的氛围，破冰类项目有助于消除团队学生之间的隔阂，为后续的合作打下良好的基础。

(二)沟通类项目

沟通类项目致力于提升参与者的沟通技能和团队协作能力。通过模拟实际场景、角色扮演和协作任务，参与者能够学习在不同情境下有效沟通的重要性，并培养团队学生之间的默契与信任，从而提高整体团队的绩效。这类项目往往注重引导参与者分工明确、信息传递迅速、团队协作高效，以应

---

①王来东，齐春燕 . 户外运动与拓展训练理论与方法[M]. 北京：中国书籍出版社，2019：11.

对复杂多变的工作环境，为日后面对团队挑战提供实际的应对经验。

（三）团队类项目

团队类项目是一种强调整体团队协作和协同工作的学习方式。在这类项目中，参与者需要共同面对问题、完成任务，以锻炼团队协作精神。项目的设计注重每个团队学生的角色和责任，通过协同努力实现团队的共同目标，以促使学生深刻理解团队合作的重要性并培养相关技能。

在团队类项目中，团队学生需要相互沟通、协调工作，以达到共同的目标。通过这样的协作过程，学生不仅学会了倾听和理解团队学生的意见，还培养了解决问题和决策的能力。团队项目的成功不仅仅依赖于个别学生的表现，更需要整个团队的协同合作，这种经验将使学生在未来职业生涯中更具竞争力。

（四）领导类项目

领导类项目的目标在于培养学生的领导才能和领导素养。通过模拟领导情境、领导力训练等活动，参与者将面临领导决策和团队激励等方面的挑战，从而提高他们的领导能力，为培养未来社会中的领导者打下坚实基础。

在领导类项目中，学生需要承担领导角色，面对各种挑战和压力，学会灵活应对并做出有效的应对决策。这种实践不仅有助于学生发展领导技能，还培养了他们的责任心和团队管理能力。通过反思和讨论领导过程中的经验，学生可以更深刻地理解领导的本质，为将来担任领导职务做好充分准备。领导类项目不仅提供了实际的领导锻炼机会，同时也为学生成为未来组织和社会的积极领导者奠定了坚实基础。

（五）高空挑战类项目

高空挑战类项目是一种注重通过高度挑战来推动参与者超越自身恐惧、挑战个人极限，并在团队协作的氛围中完成各种高空任务的学习体验。这类项目旨在通过引导个体面对高度、尝试新的挑战，促使他们发展出更为坚韧的心理素质和应对压力的能力。同时,项目设计注重团队的支持和合作,将高空挑战融入团队协作的环境中,以达到个体与团队之间相互激发、共同成长的效果。

在高空挑战类项目中,参与者需要面对悬崖陡壁、吊桥索道等高度环境,这对于他们的勇气和意志力提出了巨大的考验。通过主动选择面对高度的挑战,个体将不仅仅克服内心的恐惧,还能够挑战自身的极限,促进个人成长。同时,项目强调团队的支持和协作,鼓励团队学生互相鼓励、共同克服困难。在高空任务中,个体不仅要充分发挥个人能力,还需要与团队密切合作,通过协同努力完成任务,体现出整体团队的力量。

高空挑战类项目的挑战性质和激发人心的特点使其成为一种独特而有效的户外拓展训练方式。通过高空挑战,参与者在个体发展和团队合作方面都能够得到深刻地体验,为他们未来的职业生涯和人际关系建设提供了独特而宝贵的学习经验。

二、户外拓展训练的主要特性

拓展训练是一种体验式的,通过切身体验在大自然中感受领悟和震撼,这是对传统教育的一种区别,将传统教育补充得更加完善,将传统教育也进行了一种凝练和升华,这并非一种单纯的娱乐,而是更加注重感悟和心灵的获得,从体验中感受人生的真谛,感受人生的哲理,这是拓展训练区别于其他训练的最重要的特性。

(一)亲身体验的直接性

1.一般体验的直接性

认识世界可以通过直接经验与间接经验获得,传统的教育方法主要通过间接经验获得对世界的认识,获得对知识的了解,这是一种系统的学习,这种学习的一个弊端就是忽视了从直接经验获得知识,这种认识更加强调了自我实践对于认识起到的决定性作用。拓展训练就是弥补这一传统教育的弊端，让学生参与探索世界与发现真理，直接感受事物实实在在的变化和发展，从中获得学习经验，增强了探究能力，拓宽学习的空间。

2. 高峰体验的直接性

高峰体验指的是通过对学习某项技能或某项活动所进行的努力不断积累，获得最高的体验。进行拓展训练可以使人们对自己感到更加自信，人们对自我更加充满信心，这样的积极心态和幸福满足的感觉被称为最积极的体验和最强烈的自我认证体验。指导员和团队整体可以将此作为运动的最终目标，将高峰体验融入每一个参与者中，让每一个参与者感受到自己在团队中的价值，不但促进了个人的情绪培养和积极心态的养成，也加强了个人与团队的联系。

拓展训练中的高峰体验可以发现人们性格中的积极因素，并将此化为拼搏进取的内在动力，通过参与拓展训练也可以在一定程度上改善自己的性格。通过强烈的切身体验，参与者也掌握了平时不易觉察的人生哲理，瞬间的高峰体验让每个人回味了训练中的辛酸苦辣。

（二）培养习惯的自觉性

每个人都有自己的独有个性，但个性中又包含着共性的因素。个性是个人在先天与后天共同的作用下，通过实践与思考而形成的具有个人特征特色的心理活动和行为特点。个性的本质是创造性、独立性、独一性，而这种特征的形成与自己的先决条件和后天的社会环境密不可分。

人在主观上的精神态度、情感判断有时候比单纯的能力和技术更为重要，因为人是社会中的人，人是通过知识、能力、技术等方面来表现自我的精神、态度、感情，这种内在气质和修养的培养不是一蹴而就，而是经过漫长的内在化的演变形成的，这种教育是一种潜移默化的价值观的启发，一种积极正面的倾向化的启导。将学习内化为自身能力，将修养与态度贯穿学习过程的始终，通过自主学习、自主评价来实现自我价值。

（三）学习程序的独特性

拓展训练与我们所熟知的学科教育不同，它是一种独特的教育模式，打破了传统的教学模式，将先行后知作为主要程序，基于独特的学习步骤，将学习程序划分为前期准备、课程认知、场景布置、体验挑战、回顾分享、引导总结、心智提升、行为改变等环节，环节之间环环相扣、层层递进，参与者通过将理念内化，在工作和学习中受益。

（四）学习意识的自主性

传统的学习方式是以经验教学为主，通过老师将一些经验经历传授给学生，让学生在已有经验中进行学习参考和提高进步，这种学习方式也使老师处于权威地位，学生则处于被动地位，较为被动地接受知识，长此以往会有学习懒惰的弊端，失去了主动积极的动力。如今，社会更需要的是创新型人才而非循规蹈矩、墨守成规的人，人不是工具，而是作为工具的使用者进行社会改造的，因此人的个性展现是现代人才的重要前提。拓展训练很好地启发思考，突出人的思辨性，将人置于教育中心。

（五）学习方式的高效性

不断的实践可以让人们对于信息的接受更加广泛，与实践途径相对比，通过阅读方式大致可获得 1/10 的信息，通过广播的方式可以获得 1/5 的信息，而通过实践的方式可以获得 4/5 的信息。从数据的对比可以看出，人们对于信息的接受程度与获取方式息息相关。拓展训练就是利用这个规律开展亲身实践活动，让人们更加有效地获取信息，提高社会认知，提高集体的整体能力，改变灌输式教学，让学生走出教室，走向自然与社会，在实践中获取真知。过去的传统是注重教师的权威地位，而现在更加强调质疑权威的精神。改变原来注重琐碎知识点的考察，更强调思维的辩证性和开阔性。改变原来只是视觉参与学习，将视听触等感觉调动起来。改变满堂灌、一刀切的教育方法，因材施教、体现学生个性化发展。对学生的评价不再是单纯注重成绩，而是德智体美劳全面考察。

第二节 高校户外拓展训练课程教学

一、高校户外拓展训练课程体系

（一）高校户外拓展训练的活动层次

进行拓展训练时，需要了解学生对于项目的期待和项目角色的认定，根据不同的需求进行合理的项目安排，对每一个项目进行相应的测试评估，确定项目的活动方式，对于每一个项目的评估，将项目划分为5个层次，便于分类。

层次一：理论学习部分，可在室内进行，这一层次主要在户外运动开始前，属于准备项目，将学生聚集在特定地点，而这些地点通常在室内环境中，在此完成训练课程的开始准备活动。这部分主要学习相关的理论，具体包括学习拓展训练的基本理论和相关原理，学习训练中必须具备的技能，了解训练中的注意事项和安全规范，了解训练活动的模式，分享拓展训练的形式回顾，讲述学生各自在集体中的意义，分析可能遇到的困难和可供选择的解决方案，传递良好心态，将一些关于团队建设、管理诀窍、沟通方式、个人能力表现等讲座贯穿其中。

层次二：户外运动项目的风险指数较低时，在团队中以个人挑战为主的项目。这种层次的户外运动主要是培养积极参与活动的心态，感受学生之间的相互鼓励和相互比拼，增强自身的信心和勇气，感受互帮互助的氛围，培养自己敢为人先的精神。

层次三：户外运动项目的风险指数较低时，以团队挑战为主。这一层次的拓展训练，主要是在一个相对复杂的环境中完成的具有难度的挑战项目，学生单独并不能很好地完成任务，因此更加注重培养团队齐心协力克服困难的决心。注重团队之间的交流协作，加强团队合作意识和交流意识，培养个人之间的信任感，了解个体决策和专家意见，通过层级管理和监督，统筹时间，做好监督。

层次四：户外运动项目的风险指数较高时，要以团队为中心，共同参与激发个人潜能。在这一层次的拓展训练中，通常对个体心理冲击感较强的项目归属于这一层次。这些项目通过让学生对团体的作用树立深刻的意识，更加明白自己与团体之间的关系，懂得与团体一荣俱荣，不再逃避个体困难。从集体角度观察个人能力和潜力，通过自我激励和团队激励两种方式不断挖掘潜能，体验集体成功的欢乐，互相分享快乐，让快乐翻倍。

层次五：户外活动项目的风险指数较高时，以团队为单位接受挑战。这种以团队为单位接受挑战的项目更加注重整体意识，让学生协调好了团队中的人际关系，增强了团队整体意识，加强团队协作能力。加强了学生之间的信任和友谊，促进了团队之间人员的交流和学习，提高了团队的整体工作效率，系统优化，优势互补，各安其位，各谋其事，为了共同的目标而努力奋斗，对团队良性发展有着重要的推动作用。

拓展训练虽然分为五个层次，但他们没有先后、优劣之分，只是根据不同的属性进行能力和意识上的区分，这种分类只是为了更好地满足学生对于运动的某种需求和愿望，使运动更具有针对性。在选择运动项目时，不同发展阶段的团队接受不同难度和类型的挑战所获得的预期效果和最终结果都不相同，甚至有相悖的可能。所以，在选择运动项目时要注重团队的发展程度和个人的挑战能力，以及团队的潜能等，再搭配合理的项目训练，让学生在安全的环境下获得成长。

(二)高校户外拓展训练的课程分类

1.根据课程周期长短分类

以课程周期长短为依据分为短期课程、长期课程。①短期课程通常在一个学期内完成，注重短时间内培养学生的团队协作、领导能力等。课程内容紧凑，目的在于快速提升学生的综合素养。②长期课程则涉及更为深入和持久的拓展训练，可能跨足多个学期，以更全面、系统地培养学生的团队协作、沟通技巧等。

2.根据课程开展季节分类

以课程开展季节为依据分为夏季课程、冬季课程。①夏季课程是针对暑假期间进行的课程，充分利用良好的气候条件，开展各类户外活动，以促进学生身心健康和团队精神。②冬季课程针对寒冷季节，通过冬季户外拓展活动，挑战学生的体魄，培养适应环境变化的能力。

3.根据课程学生性别分类

以课程学生性别为依据分为女子课程、男子课程、男女混合课程。①女子课程。针对女性学生设计的课程，注重培养女性团队协作、领导潜能，同时关注女性学生在户外环境中的特殊需求。②男子课程。针对男性学生，强调男性特有的团队协作、领导风格，通过户外挑战促使个体成长。③男女混合课程。为了促进性别间的平等与合作，设计了男女混合的拓展课程，鼓励男女生共同面对各种挑战。

4.根据课程预期目的分类

以课程预期目的为依据分为奖励课程、释放压力课程、创新课程、社会交流课程、团队课程等。①奖励课程。通过户外拓展活动奖励学生，激发他们对团队协作和个人成长的积极动力。②释放压力课程。以户外拓展为媒介，帮助学生放松心情，减轻学业压力，促进身心健康。③创新课程。强调创新思维，通过户外活动培养学生解决问题的能力和创造性思维。④社会交流课程。通过团队协作和户外挑战，促进学生之间的交流与合作，培养社交技能。⑤团队课程。专注于加强团队合作，培养学生在集体中发挥优势、协同作战的能力。

二、高校户外拓展训练的教学阶段

（一）初级阶段

1.初级阶段的教学目的

拓展训练就是让学生身心体会、接触、感受课程的本质内涵，对课程进行思考，提高学生身心素质，提高学生对健康生活的感悟，引导学生养成良好的体育锻炼习惯，培养健康锻炼的能力。乐于与他人交往，培养敢于拼搏、敢为人先的精神品质，更加注重团队协作，感受齐心协力的强大魅力。

2.初级阶段的教学内容

（1）理论知识：①阐述健康定义，建立体育与健康的内在联系；②健身锻炼的基本原则与方法；③拓展训练课程的重要价值；④了解如何凝聚团队力量、培养团队信心、加强团队合作、培养团队沟通；⑤熟练掌握设备的安全使用，保障自身安全。

（2）身体素质：①身体一般性先天性素质，包括心肺功能、肌肉力量、身体协调性、身体柔韧性、神经反应速度、身体平衡性等；②身体专项性后天性素质，包括攀爬练习、基础设施练习等。

（3）团队体验：①注重团队协作；②感受齐心办事的强大魅力；③凝聚团队力量，培养团队沟通。

（4）专项技能：正确熟练掌握安全设施的技能。

（二）高级阶段

1.高级阶段的教学目的

培养学生的运动常识和培训技能，进行督促训练，让学生掌握拓展训练的道理和技能，培养终身锻炼的体会和意识，培养学生敢于拼搏、敢为人先的精神品质，更加注重团队协作，感受齐心协力的强大魅力。

2.高级阶段的教学内容

（1）理论知识：①健身锻炼的原则与方法；②锻炼活动常识；③健身安全

常识；④团队领导能力、组织协调能力等多种能力的综合训练。

（2）身体素质：以身体专项性后天性素质教学与培训为主。

（3）野外活动技能：①上升、下降与攀爬；②高空跳跃翻越；③水上训练技巧。

（4）感受团队：①组织协调集体感受；②培养领导能力；③增强执行能力，积极主动地迎接挑战。

第三节 高校户外拓展运动教学的组织实施

一、高校户外拓展运动计划的制定

在开展户外运动的时候，需要按照不同的户外运动的特点进行不同的安排，这样能够保证户外运动安全、有效的进行。一般户外拓展、地形复杂的攀登、难度较大的登山等户外运动都要制定出科学合理的活动计划。

（一）选择运动的地点

运动地点的选择与运动的内容有着直接关系，第一步要对当地的历史、人文、习俗等资料进行收集，然后对资料进行分析。

1.收集资料

需要进行充分的资料收集，包括但不限于目标地点的地理信息、气候特征、生态环境等。这些资料将有助于后续对运动地点的全面了解，确保拓展运动的顺利进行。合理的资料收集有助于规范地理位置，同时也为后续运动安排提供了基础信息。

2.活动分析

在资料收集的基础上，进行运动地点的全面分析。这一步包括对当地地形的详细了解，以及对不同地形适宜的户外项目进行分析。例如，在悬崖峭壁处可以进行攀岩等活动，而平原地带可能更适合进行团队建设等活动。

因此,必须充分了解地形地貌,确保所选活动与地形相契合。

在活动分析阶段,还需要充分发挥想象力,以确保规划的户外运动既有挑战性又合理。这需要考虑到地形的多样性,不同地貌可能带来不同的挑战,因此需要在规划中加以考虑,以满足参与者的需求和挑战水平。

（二）明确运动的目标

在进行户外运动之前,首要任务是明确户外运动的具体目标。只有通过明确的目标,才能够在运动中更好地引导学生,使户外运动的效果最大化。目标的明确性不仅有助于提高运动的组织性和操作性,同时也为学生提供了明确的方向,使其能够更好地投入活动中。没有明确的目标,户外运动可能变得不安全且缺乏乐趣。明确目标有助于规范运动的整体框架,从而降低潜在的安全风险。此外,通过设定目标,组织者能够更好地了解运动的期望结果,从而在运动过程中及时调整和优化方案,确保运动顺利进行。因此,在进行户外运动之前,必须对运动的目标进行仔细思考和明确规定。只有通过制定精确的目标,才能在整个户外拓展训练中取得更为显著的效果。

（三）明确运动的内容

确定了运动目标后,下一步就是根据这些目标来规划运动的具体内容。不同的运动项目对学生的影响各异,因此需要根据运动目标选择合适的运动内容。在规划运动内容时,应充分考虑运动地点的实际情况,确保所选项目既有足够的挑战性,又能在安全的范围内进行。

为了达到最佳效果,运动内容的安排应当紧密贴合运动目标,并在保证安全的前提下,尽可能地提供精彩刺激的项目。这样不仅能够增加学生的参与度,还能够使他们更好地体会户外运动的特点,感受到户外运动的乐趣和魅力。

在明确运动内容时,组织者需要充分了解不同项目的特点和效果,以便更好地满足学生的需求。整体而言，明确运动内容是确保户外拓展训练计划成功的关键一步，为学生提供全面而有趣的户外体验。

二、高校户外拓展训练的流程解析

拓展训练是由不同的训练项目所组成的，这些项目是按照不同的训练目的进行安排和排列的，项目设置上应该遵循循序渐进的原则，一般高校拓展训练运用的方法主要为：最初分析训练设计、进行课堂场景布置、体验挑战难度、分享经验回顾、引导提炼总结、心智的提升、行为的改变。

（一）前期分析

高校户外拓展训练教学流程的成功实施离不开前期分析的深入和全面。需要充分考虑学生个体之间的性格和喜好差异，因为这些因素将直接影响到团队拓展方案的设计。在设计过程中，必须准确把握每个学生的特点，以确保拓展项目对其产生积极的影响。这也包括考虑不同民族、年龄和性别所带来的心理预期差异，从而做出更具有针对性的课程设计。

为了更好地满足学生的需求，教师在前期分析阶段必须进行系统的比较。通过比较不同项目的特点和各种运动受欢迎程度，教师能够做出更为合理的调整，确保户外拓展训练在各个方面都能够得到学生的积极响应。这意味着在前期分析中，教师需要对学生进行深入了解，保持高度的责任心，并对课程设计的细节进行精心考虑。

只有通过充分了解学生的性格特征和团队的组织特征，教师才能够制定出切实可行、贴合实际的培训安排。在这一过程中，与团队的紧密交流显得尤为关键，通过有效的沟通，教师可以更好地理解团队的需求和期望，从而在拓展训练教学流程中更好地引导学生的成长。

（二）课程设计

课程设计是依据对学生的整体情况和预期目标的分析，尽可能设计出大部分学生认同、满足大部分学生的要求和目标的课程。以学生整体学习为目标和主旨,针对大多数学生的共性设计课程。当学生较多时,可以分为几个不同的小组,当然这种分组是为了更好地完成教学任务,户外拓展训练的教师一定要了解课程的目的。

1.课程设计的内容

(1)填写调查问卷。为拓展训练项目和不同的学生专门设计有针对性的问卷,了解学生对于项目选择的倾向性和项目的期待性,以学生的不同需求等为基础进行统计和综合考量,评估整体发展状况。

(2)根据填写的问卷情况,户外拓展训练的教师要了解团队迫切的需要和相对应的解决方案,根据不同发展阶段的团队进行合适的项目类型的选择,并制定搭配方案。

(3)户外拓展训练的教师与参与培训的学生代表进行沟通,了解学生的具体建议,确认课堂的实际需求,探讨课堂的细节和具体操作,交流一些禁忌事项或避免事项。

(4)确定最终的方案,之后进行严密科学的准备工作,要准备器材、安排培训教师、了解行程细节等一些具体工作。

2.课程设计的注意点

(1)当学生较多时,分组是必不可缺的,而且这项工作也不是简单草率的,需要项目计划前期就安排妥当,给分组预留充足时间。分组的条件基本为鼓励不熟悉或不同专业、不同领域的学生分配为一组完成任务,鼓励对项目不同熟悉程度的学生进行搭配。不建议熟悉的学生搭配为一组,尽量避免小团体,更加注重整个团队的凝聚力和融合力,充分发挥个人的潜能,抛开学生原有的思路和形象,重新认识自己。通过精细的人员分组安排,学生要树立一个共同的目标,加强与团队成员的交流与合作,让学生能够成为朋友。

(2)对于户外拓展训练的教师而言,每天接待各种学生群体,有不同年龄、不同学位、不同专业、不同交际圈的学生。每种群体都有各自的群体特征，一些性格独特的人还会有自我清晰的愿望和目标。所以，要明确把握多种教学语言和教学程序，通过已知模式来处理未知教育问题，但不要祈求学生和教师有着同样的教育觉悟和教育目的，教师应该从自身做起，利用业余时间多学习，多与学生交流和接触，更好地了解学生群体特征。

(3)根据实际情况选择课程设计的步骤，同一班级的学生之间都比较熟悉，因此可以跳过“破冰课”环节，直接进行下一步训练。如果素不相识的学生一起上课，首先，需要从“破冰课”开始，让学生相互了解。其次，教师要介绍拓展训练的要点与目的。最后，安排一些小的活动，让“体验式学习”被学生充分感受。注重“破冰课”发挥的作用，让学生尽快熟悉起来，消除害羞忸怩的心理，鼓励打破常规，打破约束，共同完成任务，实现教学目标。

(三)场景布置

运动项目的不同内容特点需要进行不同的场景布置，妥善把握运动环境，切实科学布置所需设备，表达项目的真实性，户外拓展训练教师设计课程时所提及的情境也要融入场景布置中。

教师不要在学生的面前进行准备工作，如布置器具和道具等，这样容易给人不负责任，消极怠惰的心理暗示，并且打断了课程的连贯性和流畅性，让学生不能很好地进入训练状态。

不同场景需要不同道具，其中包括一些特殊道具，如戴上眼罩，可以让学生感受黑夜，体验眼睛失明的感受，模拟对黑暗现状绝望的情境，让学生感受真实的状况。应注意的是眼罩的利用时间、利用时机都决定着任务的成败与效果。

有些项目需要精细的道具，且这种道具不能随意替换。在“鸡蛋保卫战”中，生鸡蛋就是一种特殊道具，鸡蛋必须是生的，熟的鸡蛋是不可以的。熟鸡蛋不能达到生鸡蛋破碎时给人的冲击感、挫败感、失败感，因此生鸡蛋不能换成熟鸡蛋。同时，在“鸡蛋保卫战”中不能用乒乓球替换生鸡蛋，乒乓球也同样达不到生鸡蛋的效果，即使由于经费等问题，也不能随意更改项目的使用道具，否则达不到项目的教育效果。

学生参与拓展训练时，往往会分散注意力，被一些新鲜事物或有趣的事件吸引，忘记了教师的提示。所以，教师在准备课程时，要时刻记住自己说过什么话，对重要的地方要及时地进行补充和提示，防止学生挑战失败后埋怨教师提醒不到位。

（四）挑战体验

挑战体验不单包含了一些遥不可及的项目，一般在人的能力范围之内的很多项目也包含其中。对于学生来讲，挑战之前的难度心理预期与项目本身存在的难度是不同的，一些看似容易的项目，真正去挑战时，还是存在一定的难度。因此，户外拓展训练教师可以进行简单提醒，让学生正确看待项目的挑战难度。

首先，项目设计决定了项目的难度。通常来讲，体力消耗得越多，项目的难度越大。室外的项目比室内的项目难度更大。风险系数越高的项目，难度越大。道具使用数量越多的项目，难度系数越大。

项目的难度越高，对个人的素质提升越高，对个人潜力挖掘的能力越大。项目的难度相对较低时，对团队精神的培养效果越好，更能加强沟通。

不同感悟、态度和价值观的学生对项目的难易认知是不同的，这种判断体现了他们感官与主观的综合考量。同一种项目，有的学生认为努力便可以成功。有的学生认为难度已经超过了能力范围，因此不敢尝试。户外拓展训练的教师要了解学生的认知状况，及时提示和引导，合理设置项目的难度，使每个学生都有挑战的欲望，鼓励学生通过努力来完成挑战。

其次，户外拓展训练的教师布课时学生就已经开始体验了，布课过程决定了体验结果，除非项目的特殊要求，通常来说，拓展教师会尽可能为学生提供一个可以自由发挥的平台，但不会轻易改变运动规则。

再次，学生的实践过程也是学生参与挑战的过程，由于运动的不确定性，挑战结果也不相同。获得成功的学生也可能有多种方式和方法，没有成功的学生也在不同的地方遇到困难。户外拓展训练的教师在运动中可以合理安排一些助手，这些助手可以是学生，记录运动的进程，保护学生的安全。

注重运动过程的记录和保留，记录运动的变化情况，便于运动后分享和总结。此外，要保障挑战过程流畅、连续，避免运动中的冷场现象、项目衔接断口现象，尽量全队完成项目。

最后，在项目挑战中遇到困难是正常的，但是在项目挑战中不要过分依赖教师，第一依靠的应该是自己和团队，靠个人勇气与团队的整体努力去克服，不要破坏规则。如果不断向教师寻求帮助和指导，对于其他学生是有违公平的，是不可取的。

（五）分享回顾

分享回顾是学生体验后的特定流程，是一种总结和感悟抒发，是真挚的情感表达。拓展教师要将记录的运动内容和运动情况与大家分享，相互交流经验，共同学习，在感悟和分享中获得精神的升华和对团队的信任，增加凝聚力。

挑战项目结束后，多采用轮流发言的形式或个人随机抽取发言的形式相结合，开展分享回顾，让每个学生都有发言的机会，尤其是最初的项目，应保证每个学生机会均等，都有发言机会。

分享回顾时，也要遵循以下原则：

1. 即时性原则

运动结束后，立即回顾完成的项目，因为及时"背靠背"回顾，能够让学生的体验印象深刻，能够更好地调动学生的积极性，刺激大脑产生兴奋，是最好的真实表达时机。例如，孤岛求生项目结束后，学生群情激昂，各种想法呼之欲出，表达之声滔滔不绝。如果没有尽快回顾，过了一段时间再分享回顾，那体验感受会大幅减少，对项目的挑战感悟也会大幅减少。

2. 密切联系实际原则

分享项目回顾感受时，都要联系现实进行表达。拓展训练的目的是让以后的工作和生活更加美好。因此，拓展项目与实际相联系的道理，是每一位学生应当注意的。要避免无休止地讨论项目本身，应该联系实际生活，融合项目带来的感悟进行分享，这样才能使分享更明确，更有深度、有内涵。

3. 求同存异原则

有着不同成长背景、价值观的学生，看待事物也是不同的。参加户外拓展训练的学生都可以表达自己的真实体验感，不同想法相互碰撞时，教师要适当引导，不鼓励针锋相对的表达。要体现求同存异的原则，相互借鉴，培养学生的发散性思维，让学生有不同的感悟和体验。

4. 追求卓越原则

事物的两面性决定了要辩证地看待事物，认识事物的本质，采用一分为二的方法，既说出事物的优点也说出事物的缺点，用诚恳的态度接受不同的观点。教师引导学生的体会和感悟应是正向的、积极的，尽量避免过激的消极言论，要传播正能量。

（六）引导总结

引导学生解决项目挑战中出现的问题和认知错误，科学总结拓展训练的基础理论，使表达和总结更加严谨。在教师主讲环节，优秀学生或体会深刻的学生也会参与讲解。利用“鲇鱼效应”“短板效应”等理论定律，运用优秀的企业文化、名人名言、历史典故作为论据佐证，对户外拓展训练运动进行高度概括和总结。引导总结并不是要复杂难懂，而是要用最简单的道理、最真实的案例使课程内容简单易懂。分享回顾与引导总结经常交叉进行，教师适当引导，配上精辟点评，结合生动故事，可以让总结课不再程序化、枯燥乏味，让总结回顾能够发挥更大的作用。

（七）提升心智

引导分享后，提升学生的感悟与理解能力；对学生进行鼓励与肯定，使学生重新认识自己的潜能，重新规划自己的能力。合理恰当的肯定与鼓励是提升心智的关键，寻找不同的自我，探究更为潜在的自我。

（八）改变行为

运用户外拓展训练中获得的感悟，改变行为，达到学习目的。对参加户外拓展训练的学生来讲，在训练之初就要对户外拓展训练有一定的认知和理解，了解训练的具体内容、组织形式、目标等，有利于学生形成心理准备和心理轮廓，从而获得更丰富的训练体验和训练收获。

户外拓展训练结束后，学生将训练时的激情和积极态度进行延续是十分重要的，在以后的学习中保持积极的心态，就是拓展训练的最终目的。虽然一些学生在课程中表现得很好，但如果不能很好地联系实际生活和实际工作，那么拓展训练的效果也是不理想的。

第四节 高校户外拓展训练课程的推广策略

一、高校推广户外拓展训练课程的意义

（一）推进素质教育的发展

1. 凸显学生主体地位

户外拓展训练课程的突出特点之一在于强调学生的主体地位，通过体验式学习实现自我教育。与传统的授课方式相比，教师在备课过程中展现了显著的不同之处。

在课程策划方面，教师会详细规划拓展训练课程的目标、内容、注意事

项和实施方案，并在课前将备课内容细致传达给学生。特别是在注意事项和运动规则等方面，教师会在开课之前进行详尽说明，确保学生对课程有清晰的认识。值得注意的是，一旦课程开始，上述内容将不再被重复或强调。

户外拓展训练课程的结尾要求学生分享对本次训练的体会，强调学生自发参与讨论的重要性。这一系列过程充分体现了学生在课程中的主体地位和授课方式的人性化特点。这种教学理念对激发学生潜能起到良好的推动作用，并与素质教育的目标相吻合。

2.优化学生心理素质，促进学生个性化发展

户外拓展训练课程在优化学生心理素质、促进个性化发展方面扮演着至关重要的角色。每一个项目的策划旨在引导学生在安全的环境中展现最真实的自我，通过挑战自我和战胜对手，使学生在紧张的氛围中感知真实的自己。户外拓展训练不仅让学生充分体验自由表达和全力以赴的快感，还通过克服内在的恐惧和不安，培养学生调整自我、对抗压力的能力。

户外拓展训练课程的设计旨在使学生在紧张氛围中抵抗各种干扰，保持冷静和清醒，进而培养学生在有限时间内做出明智判断的能力。户外拓展训练极大地锻炼了学生的心理承受能力，提升了学生的决断力和高效问题处理的能力。

户外拓展训练课程的独特之处在于其能够让学生深刻认识自己的优势和不足。因此，户外拓展训练课程不仅在心理素质的培养方面发挥了积极作用，同时也推动了学生个性化发展。

3.提高学生社会适应能力

提高学生的社会适应能力是大学教育中至关重要的一项任务。高校作为学生从校园到社会过渡的阶段，其教育责任不仅在于传授专业知识，更需要通过有针对性的措施帮助学生建立与社会的联系，培养学生适应社会的能力。户外拓展训练课程成为连接校园与社会的纽带，通过其独特的设计

内容，为学生提供了全面发展的机会，为其未来融入社会打下坚实基础。

（1）户外拓展训练课程在内容设计上突出了锻炼学生克服困难的能力。由于学生在校园和家庭中长期得到保护，缺乏对社会的深刻了解和适应能力，他们往往在走向社会后面临着巨大的压力和挑战。户外拓展训练课程通过模拟真实社会场景，让学生在解决问题、面对困难时锻炼自己的毅力和决心，使其逐渐具备战胜困境的能力。这种训练不仅仅是知识的传递，更是对学生意志品质的培养，使其在未来的生活中更加坚韧。

（2）户外拓展训练课程注重团队协作。个体的成功往往依赖于团队的协作与支持，而这也是学生应该具备的重要素质。户外拓展训练通过组织学生参与团队项目，让他们在协同努力中感受到成功的甜蜜，同时也在失败中汲取经验。这种经历不仅培养了学生的团队协作能力，还增强了他们对失败的勇气，使其在面对挫折时能更加从容。

（3）户外拓展训练课程的灵活多变的体验方式有助于打破学生固化的思维模式，使学生学会辩证地看待世界。社会适应能力不仅体现在个体对环境的适应，还需要具备开放、灵活的思维方式。户外拓展训练通过多元化的运动形式，激发学生的创造力和想象力，使其能够更好地适应社会的多元化。这种灵活多变的体验方式不仅拓宽了学生的视野，也培养了其对复杂问题进行思考和解决的能力。

（二）有助于推动体育教学改革

第一，高校推广户外拓展训练课程实现了对体育教学改革的大胆尝试。通过引入更多的户外拓展训练内容，使学生在体育课程中获得更为全面、实用的锻炼，不局限于传统的体育课目，更注重培养学生的综合运动能力。这种大胆尝试为体育教学提供了新的思路和方法，使学生在体验中更好地理解体育的本质，并促使教学内容更贴近实际需求。

第二,高校推广户外拓展训练课程给学习方式的变革提供了助力。传统的体育教学模式往往以固定的课程内容和教学方法为主,难以满足学生多样化的学习需求。而通过推广户外拓展训练课程,可以引导学生更加主动地参与体育运动,培养学生自主学习的能力。这有助于打破传统的教学框架,激发学生学习的兴趣,使体育教学更加生动有趣。

第三,高校推广户外拓展训练课程推动了传统教学模式的改革。在户外拓展训练中,学生往往需要通过团队协作等方式完成任务,这与传统的单一教学形式形成鲜明对比。这种改革不仅促使学生培养团队协作精神,提高学生解决问题的能力,同时也使教师在教学中更灵活地运用多种教学手段,更好地满足学生的个性化需求。

高校推广户外拓展训练课程在推动体育教学改革方面发挥了积极的作用。通过大胆尝试、助力学习方式的变革以及推动传统教学模式的改进,为培养具备全面素质的学生奠定了基础,为体育教育的未来发展提供了有益的经验和启示。

二、高校引入户外拓展训练课程的可行性

高校引入户外拓展训练课程是一项具有可行性的举措,旨在促进学生全面发展和提升其综合素养。

首先,户外拓展训练课程的引入能够满足当今社会对高校毕业生多元化技能的需求。传统的学科课程往往注重专业知识的传授,而户外拓展训练课程则可以为学生提供更广泛的知识,培养学生的综合素养和跨学科能力。这种全面性的培养不仅有助于学生更好地适应未来职业发展的需求,也使他们更具创新力。

其次,户外拓展训练课程有助于培养学生的团队协作精神和沟通能力。在现实工作中,成功往往依赖于团队协作和有效的沟通。通过户外拓展训练课程,学生可以参与各种团队项目和实践活动,提高他们的团队合作能

力，并学会有效地表达和传达观点。这些技能对于学生未来职业生涯有重要作用。

最后，户外拓展训练课程还可以促进学生的个人发展和自我认知。通过参与各种户外拓展运动，学生有机会发现自己的兴趣、潜力和优势，并在实践中锻炼自己的领导才能。这种个人发展的过程有助于学生更清晰地了解自己的职业兴趣和发展方向，提高他们对未来职业选择的明晰度和自信心。

总体而言，高校引入拓展训练课程是一项富有可行性的改革，有助于培养学生更全面、综合的素养。通过提供跨学科的知识、促进团队协作和个人发展，这些课程将为学生未来的职业生涯奠定坚实的基础，使他们更好地适应社会的变化和挑战。因此，高校在引入拓展训练课程时应认真考虑其设计和实施，确保能够真正发挥其培养学生综合素养的潜力。

三、拓展训练在高校体育中的推广路径

（一）加大户外拓展训练宣传力度

加强户外拓展训练宣传的关键之处在于要认识到户外拓展训练的优势。具体分析来看，包括以下内容。首先，户外拓展训练有益于培养学生的集体合作意识，锻炼学生的协作能力。其次，户外拓展训练能锻炼学生独立思考能力和独立应对问题的能力。再次，户外拓展训练可以根据学生的实际需求设计训练内容和方式，有利于在训练过程中尽可能挖掘出学生的运动潜力。最后，户外拓展训练能够促进学生的心理健康发展，培养学生积极乐观的心态以及面对困难坚强不屈的精神。

（二）积极争取各级部门扶持

开展户外拓展训练需要多方面因素的相互作用，物质方面的支持是拓展训练开展的前提。户外拓展训练要想发挥其教学价值，必须拥有资金、师资力量、场地设施等方面的支持。这就需要管理部门共同协作，提供相应的

支持，为户外拓展训练的顺利开展奠定基础。另外，政府也要结合体育教学的实际情况，对体育方面的政策、规范制度进行及时调整，做到制度与社会实际高度适配。只有在政府的大力支持下，户外拓展训练才能够更加有效地体现出其教育价值。

（三）重视师资队伍引进建设

户外拓展训练的有效开展需要专业师资队伍的支持，并且户外拓展训练采用了新型的体育教学方式，需要体育教师对教学内容的了解更加细致、全面。在进行户外拓展训练时，教师既要确保学生在开展训练前了解训练运动规则，又要在保证学生人身安全的前提下让学生亲身体验拓展训练，这都要求教师要具备更高的教学能力。因此，学校要重视师资队伍的培养和建设。高校可以根据体育教学需求，通过各种渠道从国内外引进具有开展户外拓展训练运动能力的专业教师，并给予优厚的待遇，解决教师的后顾之忧，使其全身心地投入拓展训练教学中。同时，学校也要定期开展教师培训，邀请体育教学领域的专家学者讲授体育教学的方法技能，提高教师专业能力，培养一支高水平、专业性强的教师团队。

（四）加速传统体育项目融合

目前，户外拓展训练采用了新型体育教学方式，对高校体育教学具有重要意义，但是高校应当意识到传统体育教学方式也有可取之处，并将户外拓展训练与传统体育项目相结合，促进高校体育综合性发展。体育不仅是为了强健学生的体魄，提高身体素质，而且还注重开发学生的智力，培养学生形成正确的价值观，提高思想意识水平。传统体育教学注重培养学生的体育知识和技能，但对学生的思想和精神层面关注不够；户外拓展训练则更关注学生的个性发展和思想意识。如果将上述两种体育教学方式进行融合，促使双方互相弥补、取长补短，则会使高校体育教学取得更加卓越的成果。

(五)整合利用社会企业资源

开展户外拓展训练需要一定的物质基础,政府通常会给予资金支持与政策上的倾斜,但是仅依靠政府是不能长久发展的,还要从社会角度出发,整合利用社会企业资源,调动企业的积极性,鼓励他们为拓展训练给予相应的物质支持。另外,高校要加强学校与企事业单位的沟通合作,学校为企业培养合格人才,企业依靠自身经济实力,为学校的拓展训练提供物质支持。双方根据各自需求达成一致,实现合作共赢的目的。

第五章 高校定向运动课程的教学实践

第一节 高校定向运动的开展条件与教学

定向运动作为一项新兴的体育项目，不仅可以锻炼学生的体能，而且可以培养学生读图识图、野外生存等能力。高校开展定向运动具有很大的现实意义。[①]

一、高校定向运动的开展条件

高校定向运动教学的条件是指在开设定向课或开展定向运动训练中必须保证的器材和场地。其中有一些是属于定向运动竞赛器材，有一些是定向教学和训练中的简单器材。

（一）运动器材

1.检查点标志

检查点标志简称点标，是定向比赛必需的场地器材之一。点标是设在现场各检查点上的小标志旗。它是学生寻找和辨别检查点的依据。检查点标志的大小、醒目程度将直接影响运动员水平的发挥，所以国际定向越野联合会（简称“国际定联”）对点标的尺寸和颜色等都做了规定。标准点标由三面红、白两色旗组成，每面旗高、宽均为30厘米，沿旗面的对角线将旗分成白、红（一般为橙红色）两色，用布制作，上沿或上下沿用铁丝作框架。以撑

①徐良．江苏高校定向运动开展现状研究[J]. 安徽体育科技，2019(03).

成三角形状，可以悬挂或做其他设置。传统的点标上半部白色处印有该点标的代号，通常用2位或3位数字表示。字高为7厘米左右，清晰醒目，便于识别。

近年来，在国际定向比赛中由于电子打卡系统的使用，点标代号改设在相应点标的卡座或制式悬架上。白色处可印公益广告或赛会名称或赞助商标等内容。教学用点标可以使用标准点标，也可以使用小点标或纸质小点标。这种点标是为了方便教学和训练而将它按比例进行缩小而成。其样式、作用与标准点标相同。夜间定向点标，必须涂有强反光涂层，以便学生在头灯照明下很快地找到目标。

2.教学用定向指北针

定向指北针的作用是为运动员指示方位和标定地图。它与定向图配合能起到辨别和保持运动方向、确定检查点位置的作用。教学用定向指北针，除指示方位外，还必须具有测图和画定向路线的功能。教学定向指北针，是指教练员或教师用的指北针，区别于运动员用的指北针，它能够比较精确地测方位角。用国外进口测量方位角的指北针，还可以通过一个小窗口将方位角测得非常精确。国内生产的指北针其灵敏度和精度均可满足一般的定向教学使用。如果需要专业修测定向地图，则需要一些测量专业用的专业指北针。

3.点签和检查卡片

点签通常指机械打卡器，是给学生卡片打印记的工具。点签与点标相互配合，不同的检查点所打印出的印记是不一样的。常见的钳式点签是一种用电木或硬塑料作钳架，用钢针打印记的钳子，有若干钢针。由于钢针的排列和个数(一般不少于5个钢针，最多9个)不同，可在卡片上打印出不同图案。

检查卡片是学生用来打印检查点标记的纸质卡片，是学生表明已经通过检查点的依据，也是判定成绩的依据。现定向比赛中，通常将印记直接打在规定的定向图边缘空格处。

4.比赛器材和设备

高校定向比赛中，除上述器材外，还必须准备如运动员号码布，起点与终点设备及途中用品等器材。如果是定向接力赛或接力赛教学、训练，则要求号码布具有与众不同的号码编号，编号位数则可视比赛规模和比赛实际情况而定。

定向比赛起点、终点和途中的设备、用品较多，一般有出发点和终点横幅、时间显示器、发音器、图箱、通道绳、计时器、扩音器、成绩公布栏、急救药品和桌椅等，使用电子打卡器的还必须有手提电脑，打印机等。在定向训练和定向教学中对于上述器材和设备则根据实际情况而选用。

5.电子打卡系统

电子打卡系统是一种目前定向比赛中用的打卡计时系统。是目前最流行和最公正的定向打卡计时系统。电子打卡系统由指卡、检查点卡座、起终点卡座和打印机等设备组成。

电子打卡系统的特点：①使用方便快捷，指卡是个小巧的塑料小牌子，可以方便地系在手指上。使用时只要对准检查点打卡器卡座的正面方向一按就完成打卡。②检卡快速准确。由于使用计算机检卡，还能将各点之间的用时情况和总耗时很快地显示出来，无需终点专门计时员。③能及时地将结果打印出来，学生一到终点便可得到自己各点耗时结果的打印纸条，便于学生回顾总结寻找检查点的情况。④电子卡由于是塑料和高科技的产物，所以不用担心雨水或露水、树丛等导致卡片的损坏。电子打卡系统在百米定向训练和教学中，有非常大的作用。

6.夜间定向头灯

头灯是夜间定向的照明器材，使用定向头灯，配合强反光点标，学生很容易找到目标。头灯有热光源和冷光源两种,冷光源的头灯耗电量约为热光源的六分之一。夜间定向教学或定向比赛,必须备有定向头灯。

(二)运动场地

高校定向运动比赛的地形多数选择在丘陵地。这种场地上具有一定数量的校园通道、马路、场馆、花园、教室楼群,树木覆盖,中等起伏,等高距相差较小,地形细部丰富,小地物多,通视区域有限,可以利用的地表覆盖物较多,不可通行地域较少。在此类地形中,可以设计出不同等级难度的教学、训练和比赛的定向路线,以适应不同水平能力和年龄组别的学生进行定向教学比赛要求。

学校开设定向运动课程,从普及和安全等因素考虑,可以选择校园、附近公园、大学城或城郊社区作为教学、训练和比赛的理想场地。

(1)校园。校园是学生学习和生活的场所,也是开展定向运动的首选地方。现在不少校园都建在城郊,面积大、景观美,并兼有山水等人文和自然景观,是较理想的定向教学场地。近年来,国际公园定向组织在中国修测了不少定向地图,其中有一半是高校定向地图。

(2)附近公园。公园是进行定向教学和训练的理想场地。公园与校园相比,地物和地貌更具有多样性,用作定向依据的小特征地形更丰富。不少公园均具有森林地和丘陵地的特征,加上学生对公园的陌生程度大,在这种环境中进行定向教学,能够充分培养学生的定向技能和思维能力。

(3)大学城。在大学城开展定向运动,它的优势在于现在很多高校都集中在一起,校与校相连,形成一个很有特点的地理环境,而且学校之间无院墙相隔,只用树木象征性的隔开,可以达到学校之间资源共享的目的,这样就为进行定向运动的教学与训练提供了绝佳的场地。学生不仅非常熟悉周围的环境,而且大幅提高学生学习定向运动的兴趣。

(4)城郊社区。大学城一般都建立在城郊结合处,不仅有许多建筑物、城郊社区、公寓，而且还有小树林、河流、小山丘、田埂水渠等可用作定向训练和教学的地形地貌。这些地形地貌有平坦开阔处，也有一定起伏和视觉局限处，比较适合开展定向运动的教学、训练和比赛。对有条件的学校，可以把定向训练和定向后期教学放到城郊野外进行实战，从而进一步提高学生的定向技能。在城郊野外进行定向教学有其丰富的地理资源和自然条件，在选择场地时，一定要考虑到学生的安全。

二、高校定向运动教学

（一）高校定向运动的基础知识

为了使学生全面了解定向运动的基本概念，建议首先确立定向运动的起源与发展，并了解我国定向运动的现状及其未来发展前景，以明确开展定向运动的意义和作用。在教学中，可以采用理论课程和电化教学手段，对定向运动的基本情况进行深入介绍，培养学生正确使用地图和指北针的能力，为今后的实践和竞赛奠定坚实基础。

第一，在学习中，应了解地貌和地物成图的原理，包括地图比例尺、地貌符号、地物符号、地图颜色、磁北方向线、图例注记等成图要素。同时，应深入研究地貌和地物的种类、分布、方位、走向等特征，以及它们的外表形态，如形状、高低、大小、坡面陡缓等。在测量地貌或地物距离时，可使用指北针直尺，并结合地图比例尺和经验系数法计算实际距离。此外，学习如何使用指北针测量磁方位角。

第二，教学手段应多样化，包括理论课讲授和多媒体教学，以及实地教学方法，使学生更好地理解定向运动地图和指北针的基本知识。

第三，学生需要具备分辨地貌和地物种类的能力，明确它们在地图上的分布和方位。通过使用各色彩笔在地图上绘制不同地貌和地物的图示，特别强调那些明显且具有独立特性的地貌和地物，以便在实际定向运动中更好地分析和判断它们之间的关系。

第四，教学还需涵盖地形走向的分析，包括山脊线、山背合水线、山谷分水线、道路、江河、沟渠等。通过用彩色笔在地图上勾画出各线状物的线条，并对其走向进行详细分析。

第五，学习地形表面形态的分析方法，包括山体的高低、陡缓、坡面状态、谷地形状等。通过比较不同山体的高低、分析山体的陡缓和坡面形态，以及使用等高线分析谷地形状，培养学生对地物符号的正确理解，并能判断地物形状突出部位的方位。

第六，学习测量地图上各点之间的距离，利用地图比例尺和经验系数法将其换算为实地水平距离。在测量时，应选择明显的地貌或地物作为参照点，或者选择线状物进行测量和计算。

第七，学习测量山体坡度及将其换算为实地坡度的方法。除了测量山体坡度外，还可以学习测量山地道路的坡度。

第八，学习测量磁方位角。以地图上的站立点为中心，测量所选择地貌或地物的磁方位角。

（二）高校定向地图与绘制

1.定向运动地图的内容

一般的定向运动教学、训练和小型定向运动竞赛常采用单色地图。单色地图以单一颜色（通常为黑色或褐色）展示地貌和地物，成图速度较快，既省时又经济。

在定向运动地图上，四周绘制有经线和纬线，经线贯穿南北，纬线贯穿东西，相互交汇成直角。地图外框的外图廓线标有经、纬度线分画线，连接相应的经度分画线或纬度分画线，以更精确地确定应用点的地理坐标方位。

地图上还绘制有直角坐标网，可通过方格里的纵坐标概略地标定地图，或者利用方格确定应用点的直角坐标方位。等高线通常呈现成组闭合的相似环状曲线，陡崖用带齿的长齿条表示，堤坝则用两边带齿的长齿条表示。

电线线路以直线表示，但不一定南北、东西贯通，且直线上可能有反向箭头或其他标志。较宽的公路以双平行线绘制，两线间距离并不代表实际公路的宽度，仅表示较宽公路的符号。道路和小径以虚线表示，较宽的道路用粗长虚线，小径用细短虚线。江河也以双线绘制，但由于江河的长宽比例绘制，有的地方宽，有的地方窄，可通过此特征来判断图上的江河。此外，江河通常分布在谷地中。沟渠和小溪以单细实线绘制，但易与等高线混淆。

在判断沟渠和小溪时，除了考虑等高线特征外，还需了解它们在地图上的表现。沟渠和小溪通常分布在谷地中，而在这些地方，合水线会重合。沟渠和小溪的上游线条逐渐细化，有时还呈分叉状，下游线条逐渐加粗，有时可连接到湖塘、江河等地。有的沟渠和小溪图上可能还标有与道路交叉的小桥符号和涵洞符号，有时还伴有箭头表示水流方向。沟渠和小溪符号旁通常标注有沟渠宽度、深度、水深等数字，也是判断它们的方法。湖泊和池塘以单一闭合细线绘制，其主要特征是外轮廓闭合环圈内有网状线，或有专门的文字注记。

地图上还包括等高线注记、高程注记和高程点注记，这些高程注记以阿拉伯数字标注在等高程点上或其旁边，单位为米。一些单色地图还绘制有地表覆盖物符号，如森林、幼树林、竹林、稻田、旱地、经济作物区等。这些符号的具体含义在图例注记中都有图样符号的解释说明。

2.定向运动地图的使用

(1)地图使用方法。地图上的方向是上北、下南、左西、右东。使用地图前必须水平持图，并对地图进行定向(标定地图/正置地图，将地图的方向与实地的方向保持一致)。培养方位感，强调正确拿地图的方法(标定地图、置图)，掌握在没有指北针的情况下，利用实地环境特征标定地图的方法。在行进过程中，当方向改变后，持图方法要随之改变，重新标定地图，保证地图的方向与现场的方向一致。

(2)地图使用练习。设计一些简单的路线在地图上进行持图走(地图和实地对照走)练习,这时不用指北针。练习时强调“人在实地走,心在图中移”,学会拇指辅行法。只设起点、终点,每个学生按规定路线跑。在路途中放几个点标旗,要求学生回来后说明发现几个点标旗,并圈出点标旗所在的点,也可不设点标旗,走的过程中圈出明显地物让学生沿规定路线行进时可以寻找捷径,如可穿越空旷地。逐步增加难度,首先,利用线型地物的特征,如交叉处、拐弯处等,然后利用扶手法行进。其次,选择靠近线型地物的明显地物设点,接着选择离线型地物稍远的明显地物设点。最后,使用复杂的地图,增加颜色等干扰因素进行上述练习。

(3)使用指北针标定地图。指北针在野外的主要作用是辨别方向、标定地图、确定站立与口标点的方向和简易测绘。在定向越野比赛中,选手们通常使用专业的定向越野指北针,是一种主体为透明有机玻璃的基板式的指北针,由于它的磁针盒充满一种起稳定磁针作用的特殊液体,因此很适合在奔跑时使用。定向运动中指北针的作用有两个:一是标定正置地图,二是确定或校正前进的方向。标定地图的方法也有两个:一是利用现地进行标定,另一是利用指北针标定。

在存在有明显特征物的情况下,特别是有线型特征物的情况下,使用现地标定地图更有效,可同时确定你的站立点,而指北针仅仅能标定地图而已。在复杂的丛林中穿越则主要依靠指北针来标定地图,但这时还要利用地图仔细地确定你的站立点,否则,即便正确地标定了地图,但站立点错了,比赛中仍然可能犯严重的错误。

指北针的蓝箭头、自己的鼻尖指向要去的方向,蓝箭头压住下一个检查点的圆心,然后转动身体,使红针指向磁北线方向。选定方向后,要利用你正前方的特征物来引导你前进,在有特征物的情况下,避免长时间使用指北针定向。使用定向越野指北针需注意:①使用前要检查磁针是否灵敏。用一钢铁物体(如小刀)多次扰动磁针的平静,若磁针每次都能迅速摆动并停止于同一处,则表明磁针灵敏;反之,说明该指北针已不能使用。②使用时应避开各种电器和钢铁类物体。③定向越野指北针不能在磁力异常的地区使用。④在靠近南北极地区的国家,必须使用针对南北极磁力不同而专门制造的指北针。

(4)地图等高线的使用。读懂和使用地图上的等高线是定向学习的难点。通过逐步增加地图中等高线的复杂性来学习。可利用军事地形图或只有等高线的图来练习;带学生沿着等高线走,体会走在同一高度上的感觉。训练学生利用等高线判断出实地地貌的明显差异,利用地貌的差异,并借助指北针断断续续地帮助在山地或丘陵地进行实地穿越定向练习,进一步提高认识和应用等高线的能力,利用等高线的细节找出实地地貌特征的差异进行定向。

3.定向运动地图的记图

将一条路线分为若干路段,制作比例尺较大的小地图。将各路段的地图悬挂在该路段的起点,学生在起点读图并记忆后,不再携带地图,依靠记忆前进至下一点。在练习中,若遗忘,可返回路段起点重新读图后再出发。通过增加路段长度和复杂性提高难度,改变比例尺亦可增加挑战,并可评估学生在阅读地图方面的进步水平(由大到小再到大)。

在寻找检查点之前,预先记忆下一个点或下两个点,并确定到达该检查点后应前进的方向。在行进中进行地图阅读和思考,通过概略定向,把握两个检查点之间及其周围环境的大体结构或框架。

4.定向教学地图的绘制

绘制定向地图是一项专业性很强的技术。目前,我国专门的定向地图绘制人很少,在开展高校定向运动教学、训练和比赛的过程中,常常会碰到缺少专业性的绘制地图人员的问题,但我们可以按照定向地图绘制方法,绘制简易的高校定向地图,进行高校定向教学、训练和比赛。进行高校定向教学的场地较小,地形地貌相对简单,所以绘制高校定向教学地图比起正式定向比赛用图的标准相对较低,而且高校定向教学用图只需把明显地物标志绘制到图上,不需要太多太复杂的地貌特征。

(1)基本知识与技能。

第一,具备地质地貌学知识。为了绘制各类地貌及其独特特征的地图,必须具备地质地貌学的相关知识。

第二,熟悉绘图学知识。这是制作高校定向教学地图最基本也是必不可少的知识要求。

第三,掌握测量学知识。为了制作尽量准确的定向地图,需要亲自进行测量,以获取各种地形地貌特征以及路线的长度和方向等数据。因此,测量学知识是不可或缺的。

第四,了解国际定向运动图制图规范。熟悉国际标准有助于确保绘制的地图符合行业规范,提高图的准确性和可用性。

第五,熟知定向路线设计的原理与原则。深刻理解定向路线设计的基本理念,有助于在地图中准确呈现定向运动的挑战和特点。

第六,积累参加定向运动比赛的实际经验。通过亲身参与定向运动,积累实践经验,对地图绘制的需求和细节有更深刻的理解,从而更好地满足运动员的实际需求。

(2)制作定向教学地图的底图。可以借助“现成地图”——底图。“现成地图”可以是地形图、校园平面图,然后以此为基础,在以后的教学中,根据所需的内容“加绘、改绘”——勘测上去,则可起到事半功倍的效果。

(3)绘制定向教学用图需要的工具。

第一,指北针。要求刻度、精度和准确度是很高的,必须能测量方位角。

第二,绘图板。一般与A4纸大小相仿。

第三,铅笔橡皮。铅笔可以是多彩的。

第四,绘图纸。一般用普通硫酸纸,但容易起皱。

第五,计步器。可以帮助绘制人员计算步数。

第六,绘制高校定向地图的专用教室。

（三）高校定向运动教学路线设计

在定向教学过程中，一条较好的定向路线设计必须具备两点：一是符合定向运动路线设计的一般原则；二是必须整条路线是安全的。

1. 定向教学路线设计的主要原则

（1）路线的难度和总长度应与教学对象水平相适应。切勿认为难度大的定向路线即为优秀的路线。对于初学组别和高级组别的定向路线，必须明确设定区别。在教学和训练中，应分层次设置路线，采用多种教学手段和方法，并开设定向运动理论课程。

（2）根据地形特征合理设置检查点位置。检查点是学生或运动员寻找目标点和确定站立点位置的依据，必须在体现公正的同时尽可能展示学生的技能掌握水平。设计检查点位置的依据是图上有相应地图符号的地形位置，附近是否有可作为辅助捕捉目标的地形，即通常所说的特征地形。

（3）根据路段距离需要设置检查点。相邻两检查点除非地形细部有明显区别，否则其间隔不得过密（一般在小于1:10000的比例尺地图上不得近于100米；而在大于1:50000或百米定向中检查点间隔视情况而定）。在百米定向教学中，检查点具有其特征性的位置和特殊性的要求。

（4）路线的方向和长度应有变化。即检查点与检查点之间的距离应有长有短，路线应具有选择性。这可以考验定向学生在定向技能上的方向感和距离感。

（5）路线应具有选择性。可使运动员独立思考，认真判断地形，分析利弊，并根据体能、技能状况做出相应的选择。

（6）防止“锐角现象”的出现。为防止前一名学生在找点或行进时未被后续学生发现而提供客观帮助，需要通过增加辅助引导点的方式来实现，注意“锐角现象”不仅仅指图上路线形成的角度小于90°。

（7）起点和终点的位置应当恰当合理。起点是人员较集中的区域，所有学生都在此集中准备出发。起点的教学场地应选择符合教学要求的平坦、面积较大的地方，以确保有足够容量；遮蔽效果较好，特别是在教学比赛中，起点的隐蔽性更应引起关注。任何位置都不应能够看见整个赛区，并且到达第一检查点之间应有足够的遮蔽物，使学生在出发后尽快隐蔽，以保证比赛的公平性。终点地域也应当空旷，视野良好，便于教师工作和其他学生的观赏。最后一个检查点与终点之间的设置应相对简单，只需标记以表明学生已到达终点。

2. 定向教学路线设计的注意要点

定向教学路线的设计受到教学场地（通常是学生较熟悉的地域）和训练对象的制约。与定向比赛路线不同，定向教学路线不强调定向技能，而是要考虑方便的定向教学以及对定向技能循序渐进的教学原则。在校园或公园等熟悉的地域内设计不同效果的定向路线。

（1）在细小地域特征可设点的情况下设置检查点，例如校园内的小花坛、小树林、围墙边、行人小道、体育馆、球场、游泳池、小河边等。这些细小的位置通常被人们忽略，但适合作为检查点。教学楼道的某些地方也可考虑设置检查点。

（2）尽可能多次重复利用检查点位置。在同一区域内，综合考虑所有可能设点的地方，然后每次按照不同的路线和方向选择定向路线，以最大程度地锻炼学生选择路线和判定方位的能力。

上述论述是设计定向路线的一般知识。在实际定向教学中，并非每次都需要设计一条完整的路线。可以根据教学内容和进程设计适合定向教学的路线，以提高教学效果。

第二节 高校定向运动课程中基于SPOC的翻转课堂教学模式

基于SPOC（小规模限制性在线课程）的翻转课堂是将对传统课堂时间使用进行重新规划，将优质教学资源和在线评价功能运用在特定小规模的学生,通过个性化学习,师生线上与线下的互动交流,充分体现“学生主体性”,是线上和线下课堂教学相结合的教学模式。基于SPOC的翻转课堂教学,不仅是信息化教学改革的重要风向,更是顺应现代化教学方式改革的潮流。

一、高校定向运动课程中基于SPOC的翻转课堂设计原则

合理且有效的教学设计,是定向运动课取得良好教学效果的重要前提。基于SPOC的翻转课堂作为基于信息技术的新兴混合式教学模式,有其特有结构特征。笔者在分析“SPOC+翻转课堂”的核心要素的基础上,结合传统教学设计原则与教育信息化发展要求,归纳总结出基于SPOC的翻转课堂教学模式设计应遵守的原则。

(一)程序性原则

SPOC的翻转课堂教学模式以混合学习理论为基础,将教学方式划分为三个子程序,即课前预习、课中内化与课后巩固。该模式整合了SPOC平台线上教学和翻转课堂线下面授教学,包括SPOC教学平台的线上教学、翻转课堂的线下面授教学以及课后的线上反馈与巩固教学等多种形式。前一程序在影响并制约后一程序的同时,后一程序也共存并制约着前一程序。基于SPOC的翻转课堂强调程序性的教学过程,每个教学程序都是相互联系与支撑的。在教学模式设计初期,就充分考虑了各个教学程序之间的关联性,并建立了适合教学程序过渡的必要条件。因此,根据其程序性特点,教学模式设计需要体现完整程序的联系和规定,以确保教学活动的科学有效性以及教学程序的完整性。

(二)系统性原则

基于SPOC的翻转课堂是由前期分析、课程设计、运动设计及评价等子系统组成的。在教学前期分析方面,进行系统性分析,包括学习主体、目标、内容与环境等;在课程设计方面,对课程单元与资源、课程公告与作业、理论考试与评价等进行系统分析;在教学活动设计方面,将课前预习与反馈、课

中内化与反馈、课后巩固与反馈等进行系统分析;在教学评价方面,对形成性与总结性评价等进行系统分析。教学模式设计需要基于整体考虑,使每个子系统协调于整个教学模式设计中,既突出相对独立性,又体现相互联系、相互依存。搭建教学系统之间的桥梁,使每个教学系统的转换变得顺利,强调部分和整体的辩证有机统一,有机融合系统综合和系统分析,充分增强学习积极性,最终实现教学的系统性优化。因此,该教学模式设计应遵守系统性原则,以实现系统的完善。

(三)可行性原则

首先,满足主客观条件,主观条件需要考虑学生身心发展特点和规律、学习需求与兴趣,以及现有知识基础和教师业务水平。根据学生的实际情况,将教学与学生已有的知识联系起来,明确学生能够达到的教学目标,

其次,决定教学内容和方法,循序渐进,注重引导、激发和促进学生的学习。客观硬性条件方面需要考虑教学基础设施、教学信息化程度以及地区之间的差异等多方面因素。

最后,该教学模式要具有可操作性,能够指导具体的教学实践。只有同时具备上述主客观条件,该教学模式才能被认为是可行的。

(四)反馈性原则

课堂教学反馈并非个体独立的行为,而是师生共同体验的过程。教师在授课中记录学生在学习中提出的问题信息,及时发现并纠正这些问题,以实现教学目标。为适应学生的认知基础和不同特点,教学反馈内容应设计成阶段性的形式,符合学生的认知规律,促进学生在学习中不断调整,从而提高学生素质水平,达到良好的教学效果。新的教学模式设计遵循反馈性原则,强调师生之间的反馈,分为线上和线下两种形式:线上反馈通过SPOC平台“雨课堂”进行,学生和教师能够在平台上及时交流和反馈。线下反馈则通过面对面授课,在教学过程中进行相关的交流反馈,学生也可以将线上学习中遇到的问题

在线下向教师提问，教师会给予具体解答。通过反馈信息，教师能够不断修正教学模式设计中存在的问题，以实现预期的教学效果。

二、高校定向运动课程中基于SPOC的翻转课堂课程设计

第一，课程单元与资源。课程可以分为六个章节，共12次课程完成教学。每一章节的课程资源由教学视频、PPT讲义、练习作业等构成。需循序渐进，从最基本理论基础学起。教学视频时间长度在10～20分钟，教学视频有基础理论和技能详细讲解，学生针对自身实际和时间安排，选择快进或重复回放学习。

第二，课程公告与作业。本模块主要是在雨课堂平台发布学习任务清单公告并提醒其完成学习清单上的任务，监督和督促学生查看教学资源，完成作业练习。为切实加强学生对重难点的掌握，每一节都有针对性的试题辅助。每节8～9道题，题型为单选、多选和判断。

第三，课程理论考试与评价。课程理论考试及评价，理论知识考试是在实验组与对照组结束教学后进行，使用的定向运动理论试卷均由笔者根据教材选编，且为同一套，类型为选择、填空和简答，以期掌握学生整学期定向运动理论掌握情况。由形成性和总结性评价组成，形成性评价包括：课前以及课后的SPOC平台学习完成情况和答题情况报告，查看学生是否按要求进行课程的学习、课堂上回答问题是否积极，习题作业是否完成。课中以学生参与课堂活动时的表现为主。总结性评价包括：以SPOC平台学习情况、学生课堂表现及对线下期末理论与技能测试成绩综合为主，综合判断学生课程成绩。

三、高校定向运动课程中基于SPOC的翻转课堂活动设计

（一）课前阶段设计

课前预习是指课堂学习前准备，是学生自主学习的尝试，拉开学生学会

学习的序幕。可见课前预习阶段设计是否合理对整个学习过程的重要性。在课前预习阶段设计中，教师组织方面，应对整个课程教学大纲与学生的特点深入了解，依据既定的教学目标将相关教学资源选取完备，包括教学视频、课件、作业测验题等教学资源上传至“雨课堂”平台功能模块，构建出定向运动的SPOC课程，同时将学习目标、学习任务清单、学习内容下发至各个学习小组，通过线上平台监控学生完成课前预习的进度，对未完成任务的学生，在平台上进行提醒。学生学习方面，首先熟练掌握线上学习平台的功能操作，再根据教师在雨课堂公告中发布的学习任务清单指引，观看教学视频和讲义并完成当天教学资料的预习。鼓励学生在预习过程中记录遇到的学习问题，将问题发布在线上平台进行探究讨论，亦可向教师请教解答。教师积极引导向问题中心靠拢，鼓励积极表达自身观点，不仅彰显学生主体性，且营造“亦师亦友”的学习氛围。当前网络便捷，学生可对时间进行规划，不局限时间地点进行学习，可反复对课程重难点进行学习，既提高效率，又减轻压力，进而提高学习兴趣。

（二）课中阶段设计

学生对正确概念的构建是通过“问题引导—学习教学资源—解决”的流程，达到对知识的内化，可见教师引导学生发现问题，对知识内化重要性。新教学模式的课中知识内化阶段，教师组织方面，在课堂上对课前知识进行回顾，创造问题情境，对学生提出的疑问先组织学习小组进行探究合作讨论，再整合各个观点进行分析并给予专业解答。实践中，教师将动作技术分步骤进行讲解示范，而后组织学习小组进行练习，教师巡回检查纠错，学习小组汇报学习成果，最后教师总结评价。学生学习方面，学生通过整合课前预习课程知识点，学习小组参与教师创设的情境，通过课中汇报学习、小组协作讨论交流等方式将知识运用到课中的体育练习实践中去，从而加深对知识内化吸收，提升定向运动课学习效果，综合能力得到质的提升。

(三)课后阶段设计

课后巩固阶段是学生自主学习能力的又一具体表现,影响整个教学活动,可谓举足轻重。该阶段学生运用课前预习与课中内化所掌握的知识、技能、方法等,运用到实践中去或解决具体问题,从而实现发展。

教师组织方面,首先,需对课前学生在线上平台的学习情况与课中的教学情况进行归纳总结并反思,根据学生所反馈的问题来弥补教学中出现的问题,对教学计划存在的缺陷进一步优化,为下节教学安排提供可靠依据。

其次,教师在线上平台发布巩固练习任务,及时督促提醒学生复习,完成课后学习任务。对学生认真完成任务提出表扬,对后进学生提供个性化指导。学生学习方面,需对课前与课中所学知识点进行总结归纳,对掌握不足的知识点或技术环节,可继续在线上平台反复学习相关教学资源,亦可在平台发布所遇到的问题,进一步与老师同学交流讨论,进行查漏补缺巩固知识技能,同时完成练习任务,提高自身实践能力。

四、高校定向运动课程中基于SPOC的翻转课堂教学评价

教学评价在教学实践中是不可或缺的组成部分,对于制定教学目标、教学计划以及提升教学效果都具有重要的影响。多样化的评价体系使师生在整个教学评价过程中充当主体角色。该体系包括了诊断性、形成性和总结性评价。然而,总结性评价相对较为单一,无法满足新教学模式对于多元化评价和考核体系的需求。因此,在教学评价中强调形成性评价(考勤、课堂表现)和总结性评价(结课考核),并结合教学大纲评价标准,该教学模式采用100分制对学生的结课成绩进行评分。其中包括日常考勤、课堂表现、定向运动理论与技术考核等方面的评分,以此来激发学生学习的积极性。

考勤评价主要以线上平台评价为主。学生在课前通过雨课堂平台学习定向运动课程教学资源,并完成教师布置的随堂作业。雨课堂平台的功能模块能够自动记录考勤打卡、批改随堂作业,以及记录学习时长等情况。平

台反馈数据成为教师了解学生学习情况的重要途径,并用于评价学生掌握定向运动知识点的程度。教师根据数据监控,及时督促学习倦怠的学生完成课程学习和随堂测验。在结课时,对考勤次数和随堂作业分数进行综合评价,占总评成绩的10%。

课堂表现评价主要侧重于学生在线下课堂的考勤、参与课堂活动的表现以及配合教学任务的完成度。这包括交流讨论情况、动作技能展示和教学比赛等方面的评价,占结课考核评价的15%。

结课考核评价主要通过结课考核对学生整个阶段的学习情况进行评估。这有助于学生在整个学习过程中感知教学成果的最优效果,其中定向运动理论考核占评分的20%,而定向运动技术考核占比55%。

第三节 高校定向运动的体质与安全保障

一、定向运动员的体质保障

良好的营养是运动员取得优异成绩的重要因素之一。营养不当,会使运动员的生理功能和运动能力下降,影响训练效果和运动成绩的提高。

(一)运动员日常体质保障

1.膳食要求

(1)热量需保持平衡。定向运动员的能量消耗包括:①满足机体正常需求;②维持运动所需能量,保持充沛运动能力,并有一定的热能储备。当然,热量也不宜过多,因为过多的热量可能导致体脂增加,身体发胖。因此,膳食应科学而合理。

(2)注意热能物质的比例适当。运动员的热量物质以糖为主,脂肪摄入量最少,因为定向运动是一项耐力项目。糖的比例应为1:1:7,以实现高糖、低脂肪的摄入比例。

(3)补充充足的维生素。运动员代谢旺盛,激素分泌增加,大量排汗,因此维生素的损失较多。为此,需要充足的维生素补充。同时,合理增加维生素摄入也有助于提高运动成绩。定向运动员对维生素B1和维生素C的需求量较大。

维生素需求量与运动量、机体状态及营养水平有关。高强度训练会增加对维生素的需求,可能导致维生素缺乏症提前出现。运动员对维生素缺乏的耐受性较差,尤其是在运动初期需要特别注意。然而,长期过多摄入维生素会提高机体维生素代谢水平,一旦维生素摄入不足,就更容易出现缺乏症。各种维生素的摄入应保持适宜比例,以使其在体内发挥良好作用。

2.运动员的食物分配

(1)三餐的食物分配。

第一,运动员三餐食物分配应合理。运动员的早餐应富含蛋白质和维生素,因为运动员在早晨进行训练,必然会消耗一定的热量,同时运动也会影响正常的消化功能。

第二,食物和烹饪加工方法的选择要正确。选择易消化、易吸收的、营养丰富的食物,并注意酸碱性食物的搭配。在烹调时,应尽量保留食物的营养成分,同时注重食物的色、香、味,以增进运动员的食欲。

第三,饮料及其特点。定向运动员的热量消耗较大,尤其是在标准距离竞赛中,机体在运动过程中失去大量水分和能量。如果不及时补充,不仅有损健康,而且直接影响运动成绩的提高。因此,为了维持机体的正常循环、调节体温,在竞赛途中及时补充饮料和饮食是非常必要的。

(2)季节训练期的食物分配。

第一,夏季训练期的食物营养特点。由于夏季训练期气温较高,水、盐、维生素和蛋白质的代谢都相对旺盛。同时,受高温影响,运动员的食欲下降,这必然导致体内热量的不平衡,从而影响运动能力和身体健康。为了避免这些不良影响,在饮食方面需要特别注意。

夏季训练期，高温加强了蛋白质的分解代谢和排汗量的增加，导致水溶性维生素的损失增加。因此，需要额外补充维生素，尤其是维生素C。由于气温高、运动量大，导致明显的水分流失，这时无机盐的损失也相对较多。

夏季训练期的膳食安排需要注意以下方面：①食物的搭配要多样化、清淡可口，以促进食欲；②适量摄入凉拼盘，但要注意卫生，防止污染，比如黄瓜、番茄、萝卜可以生吃或加糖拌；③主食和副食要注重含有丰富的B族维生素、维生素C和矿物质；④可以制备含盐分的清凉饮料，摆放在运动场上供运动员随时饮用，但不鼓励在饭前或饭后暴饮；⑤主餐可以安排在早、晚气温较凉爽的时间，也可以考虑采用二日四餐的方式，以增加热量的补充。

第二，冬季训练期的食物营养特点。冬季训练期正值寒冷季节，由于气温低，机体散热量大，基础代谢相应增加，再加上运动量较大，导致热能消耗较多，因此运动员每天的总热能需求相对较高。脂肪的摄入量也应适度增加，以保持保温御寒效果。在北方地区，冬季为弥补体内维生素不足，可以考虑补充维生素制剂。冬季训练期运动员的膳食需注意：①食物要保持温热、丰富、有利于消化吸收；②食物的摄入应确保足够的热能，可适度增加脂肪或肉类的摄入，同时缩小食物的体积。

（二）运动员竞赛体质保障

在定向运动竞赛期间，体力消耗很大，极易给机体带来一些不利的影响，因此，做好竞赛期间（包括赛前、赛中和赛后）的保健工作，对保护身体健康，保证竞赛的顺利进行有着十分重要的意义。

1.基本体质

（1）赛前健康检查。在比赛前，必须进行必要的健康审查和体格检查。只有身体发育正常、健康状况良好、有一定训练基础且属于体育健康分组中的基本组学生，才能参加比赛。准备组和保健组的学生，以及有伤病者，均不得参与比赛，以防发生意外。

(2)合理的组织安排。场地选择和路线设计应符合安全条件；检查运动员的服装，确保鞋子符合比赛要求；保障竞赛期间的伙食管理和膳食供应。

(3)现场救护。应做好医疗药物的充足准备，认真组织和执行比赛现场的急救工作。此外，在比赛期间进行安全教育，遵守组织纪律，并宣传文明新风。

(4)赛前的准备活动。参赛学生在比赛前必须进行充分的准备活动，特别是在气温较低的情况下，准备活动能够有效预防运动损伤。准备活动的强度和时间应根据运动员的赛前状态和气候等因素进行调整。

(5)赛中保健要求。在比赛中，运动员的神经处于高度紧张状态，各器官系统的功能处于较高水平，机体会消耗大量体力和能量。场地裁判和工作人员应关注比赛现场的一切情况，对出现的伤病要及时处理并向医务人员报告，以确保比赛的顺利进行。需要做好比赛中的饮料供应工作。

(6)赛后保健要求和措施。比赛结束后，对参赛运动员的保健指导应继续。要及时了解运动员的疲劳程度、伤病情况，以及生理功能是否有异常变化，为下一阶段的训练和比赛提供依据。赛后要采取及时的恢复措施，如按摩、肌肉放松等，以迅速消除运动员的疲劳，促进体力恢复。对于带伤病参加比赛的运动员，需要进行详细检查。赛中新发生的运动损伤，赛后要及时治疗，并安排对损伤的随访。

2.时差反应与高原反应

(1)时差反应。

时差反应是由于地球自西向东自转，导致人体产生一种与昼夜周期相适应的生物钟节律。人类的生物钟现象使得人体能够对环境变化做出反应，从而影响人的活动能力。随着国际体育交往的增加，运动员有时需要跨越多个时区到国外参加竞赛，例如乘坐飞机。在很短的时间内，飞行可以将人们从一个国家迅速带到另一个国家。一般来说，3小时内的时差变化不会产生很大的影响;但时差变化越大,机体的反应也越强烈。由于人们在新环境中迅速进行较大的东西向位移,可能会由于生物钟存在误差而产生生理干扰,导致时差适应差的人出现疲倦乏力、精神萎靡不振、情绪容易激动、注意力不集中等时差反应。为了克服时差反应,运动员应注意充分休息,提前到达竞赛地区,并进行适应性训练。

(2)高原反应。

为了应对高原反应,运动员可以采取提前适应的方法,通常建议运动员在比赛前1周左右到达高原竞赛地区进行适应性训练。

二、定向运动课程的安全保障

(一)定向运动课程的安全处理

定向运动大多是在户外进行的,野外运动,不确定因素多,突发情况常有发生,遇到情况,关键是要沉着、冷静、不慌张,惊惶失措往往可能会铸成大错。当突发事故发生时,人们只有极短的反应时间。但是只要运用所掌握的科学知识和自救技能,在短短的几分钟甚至是几秒钟内做出正确的反应,采取应急的安全措施,就可以将危害降至最低,保证自己的人身安全。

1.自然伤害的安全处理

(1)深水区域的安全处理。

在野外运动中,常常会遇到水库、池塘、河流、沟渠等水域,尤其在南方地区。当运动员在前进的路上遇到水域时,应该避免涉水,即使是为了缩短路径或者运动员具备较好的水性也不应该涉水。这是确保定向运动安全的基本原则。由于野外水域状况复杂,运动员在运动中全身活跃,血管膨胀,突然进入水中,血管会迅速收缩,肌肉容易抽搐,可能会导致危险情况。在历次全国比赛中,都明确规定运动员禁止进入水中。

(2)深坑与沼泽区域的安全处理。

身处险境通常指的是落入深坑或者陷入泥潭、沼泽地等情况。如果落入深坑且自己无法爬出，应该发出求救信号以获得帮助。如果陷入泥潭或沼泽地，自己难以脱身或者有下沉的情况，应该立即呼救，等待救援。或者采用趴下呈“大”字形，爬行离开沼泽地。此外，对于长有水生植物（如芦苇、荷叶）的地方，也应该避免进入，因为这些地方往往是沼泽地，容易发生下沉，十分危险。在晴朗的天气里，即使看到湿地也不要进入，以防止陷入泥沼之中。

（3）雷电情况的安全处理。

夏天雷阵雨、暴雨较多，且变化莫测。在野外运动时要注意雷电的防护，主要原则是避免成为最高点并远离最高物体。当出现乌云和闪电时，不要让自己成为制高点。应该观察周围地形，远离山顶、丘顶等高地，转移到低地。同时，避免靠近独立的树木、旗杆、塔状建筑物等制高点。迅速远离高压输电线带。当雷雨来临时，如果有地方可以避雨（居民屋、农舍、空屋、草棚等），就可以进入避雨，等雨停后再行走。如果没有避雨地方，也没有雨衣，可以关闭手机，用塑料袋包裹金属物品，沿着低地走，速度适度，远离水域如水塘等。如果遇到家畜，要尽量绕行。

（4）遇蛇情况的安全处理。

夏天在野外遇到蛇在南方地区是常见的情况，但是江南地区的蛇大多数是无毒蛇，毒蛇种类较少，而且攻击性不强。如果按照野外运动的着装要求，可以提高防御能力，一般情况下不会被蛇咬伤。遇到蛇时，一般不要攻击它，它通常会自行离开；如果蛇显示攻击人的迹象并且挡住了行进道路，可以用树枝或竹枝（最好带叉）将其拨至行进的90°方向，蛇就会离开。为了预防遇到蛇，可以采用打草惊蛇的方法将蛇吓走。在出发前或途中找一根树枝或竹枝，用以抽打前方的树枝、草丛，制造声响，当蛇听到声响后，通常会快速逃离。这种方法也可用于赶走其他小型爬行动物。针对来自自然界的伤害，主要的预防措施包括教练员在场地选择和路线设计时的谨慎、在良好天气下进行野外教学，以及学生加强自我保护意识。

2.人身攻击的安全处理

在定向运动课程中可能遇到的人为伤害主要包括车祸和猎人的陷阱等。对于这类伤害的预防主要依赖于学生的自我保护意识。例如,横穿马路时要仔细观察左右是否有车辆通过,同时加强自身修养,注意爱护农田。当面对陌生人时,学生应该保持警惕,不要理睬陌生人,并尽量回避可能的危险。

在定向运动课程中,可能会遭遇到不法之人的攻击。这时可以采取以下方法进行处理:

(1)喊:大声呼救通常具有威慑力,可以阻止犯罪者的恶意行为。如果犯罪分子正处于犯罪的初期阶段,学生应该大声呼喊,争取得到及时的救助。

(2)撒:可以利用周围环境,例如撒一把泥沙到犯罪者的面部。这样做有助于争取时间,让学生得以逃脱,然后请求他人帮助。

(3)抓:学生可以采取猛力抓取犯罪嫌疑人的面部或要害,以制服犯罪分子的目的。

3.自身避险的安全要领

在野外进行定向运动训练时,能量消耗大,体内水分流失较多,而且可能没有卫生的水源。因此,在训练前,应该准备一些饮用水和巧克力糖。在夏季,建议携带一些含盐量为0.9%的生理盐水,以防止过多的钠流失。如果训练时间较长或者训练地点较远,无法按时进食,也应该携带一些食品。

在野外运动时的着装方面,选择颜色鲜艳且醒目的服装较为合适。如果条件允许,可以购买专门用于定向运动的服装,这些服装通常质地轻便、透气性好、散热迅速,而且不易黏附于皮肤。当然,穿着普通的长袖长裤运动服也是可以的,但要保证透气性和吸汗性。特别是在南方地区,不建议穿短裤从事定向运动,因为南方的灌木丛和荆棘较多,穿长裤可以减轻不必要的伤害,如果搭配专用的绑腿,防护效果会更好。

鞋子的选择要牢固、轻便、舒适，最好穿专用的越野鞋，并确保鞋口封严。鞋底的纹路应该设计深，以增加防滑性。袜子应该选择纯棉袜，因为纯棉袜具有吸汗、防滑和贴脚的特点。此外，建议戴有帽檐的帽子。在丛林中行走时，帽檐可以提供一定的防护，防止树枝刮蹭。在夏天阳光强烈的情况下，帽檐还能够提供一些遮阳作用，有助于运动员更好地观察周围环境。选择棒球帽、作训帽或太阳帽都是适宜的。

（二）定向运动安全的救助方法

运动中受伤（跌伤、扭伤、撞伤、划伤、刺伤等），应根据伤情灵活处置。如果伤情较轻，功能没有障碍，稍加休息，可以继续完成训练，但是速度要比原来慢一些，或改为行走。如果跌伤、扭伤较重，功能有障碍，可先行休息，再试着做功能动作，若仍不能做，甚至有剧痛，应立即停止动作并呼救。如果出现伤口，伤口又不大，出血也不多，可清洗伤口，然后用创可贴盖住伤口或用手帕包扎，以防细菌侵入，走向终点。如果伤口较大，流血较多，应立即抬高伤肢，包扎止血，并呼救。呼救时，应充分利用随身通信工具，先与带队教师取得联系；如没有通信工具，呼救应有一定的间隙，不要拼命不停地叫喊，以减少体力的消耗，并注意听周围的动静。其他队员听到呼救声，应停止训练，寻声找到受伤同伴，并设法与带队的教师取得联系，或与当地老百姓取得联系，争取他们的帮助。

1.止血

止血是指通过压迫出血动脉血管向心端，减弱或阻断心脏向伤口部位的供血，以避免血液流失。当人体受到外伤时，可能会出现出血情况。当失血达到人体总血量的20%以上时，人体可能出现头晕、脉搏增快、血压降低、出冷汗、脸色苍白等症状。因此，止血是急救中的一项重要措施。

出血可以分为内出血和外出血两种情况。如果运动员没有外伤但出现面色苍白、出冷汗、四肢发冷、脉搏较弱，以及胸腹部有肿块疼痛等症状，这可能是内脏出血,应立即送医院救治。外出血分为动脉出血、静脉出血和毛细血管出血。动脉出血通常由外伤引起,血液呈鲜红色、喷射状流出,失血量大,危险性较大,需迅速止血。静脉出血也是由外伤引起,血液呈暗红色、涌状流出,若不及时止血,出血量大,危险性也较大,应尽早止血。毛细血管出血表现为血液从创面渗出,颜色由鲜红逐渐变为暗红。

对于外出血,主要采用以下止血方法:

指压止血法:用手指将出血动脉向心端用力压向骨头方向,达到止血的目的。适用于头部、颈部和四肢的浅表动脉出血。

屈肢加垫止血法:当前臂或小腿出血时,在肘窝内放纱布卷、毛巾等,弯曲关节,用绷带或三角巾等作"8"字形紧紧缠住。

止血带止血法:常用的止血带是长约一米的橡皮管,通过缠绕在出血部位近心端并勒紧,达到止血的目的。

绞紧止血法:利用三角巾、绷带、手帕等材料,在伤口近心端处进行缠绕并勒紧,再通过插入绞紧物,如小木棒或钢笔,来保持绞紧状态。

以上方法都旨在迅速制止出血,为伤者争取更多的时间进行进一步的救治。

2. 包扎

伤口包扎在急救中应用最广,具有止血、减痛、保护伤口免受污染,以及托扶伤肢和固定骨折等作用。为确保包扎的效果,包扎的要求是:伤口封闭要严密,防止污染,松紧适宜,固定牢靠。其动作要领是:快——动作要快;准——敷料盖准后不要移动;轻——动作要轻,不要碰撞伤口;牢——包扎要牢靠,打结时避开伤口。

目前常用的包扎材料有制式三角巾急救包和绷带,急救包是预先用橡皮布包好压缩、消毒,每包中还有纱布垫大小各一块。使用时,橡皮布可打开盖在敷料的外面以防雨水污染。在没有制式包扎材料的情况下,干净的毛巾、手帕、头巾均可作为临时包扎材料。

绷带的基本缠绕方法分为以下四种：

(1)环绕法：将绷带环绕身体的特定部位，逐层相互压迫。该方法主要用于颈部，在其他各类绷带方法开始时，通常用环绕法包扎1～2圈以进行固定。

(2)蛇形法：使用斜向缠绕的方式，确保每一圈之间保持一定的距离，避免重叠。这种方法常用于夹板。

(3)螺旋回反法：适用于肢体粗细不均的部位，从细处开始向粗处缠绕，每绕一圈即进行一次反折。在回反时，左手拇指按住绷带上的回反处，右手将绷带反折向下，然后绕过肢体并拉紧。在返回的过程中，避免在伤口或骨突处进行操作。

(4)八字形法：包括"8"字形和"人"字形两种缠绕方式，通常用于关节处。首先使用环绕法，当斜过关节时，上下交替交叉，并且在关节处进行交叉，覆盖前一圈的1/3或1/2。如果关节上下粗细相似，则使用"8"字法；如果粗细差异较大，则使用"人"字法。"人"字法常用于在关节深侧进行交叉，例如在缠绕躯干或肢体周径较大的部位时，采用降带法；而在缠绕肢体周径较小的部位时，采用升带法。

应用绷带包扎的注意事项包括：①防止滑脱，先进行两圈环绕以固定，将绷带头折回一角，在绕第2圈时将其压住，然后继续沿肢体缠绕。在包扎结束时，务必进行两圈的固定。②包扎四肢时，由末端开始，指(趾)端应露在外边，以便观察血液循环情况。③避免使用潮湿的绷带。④在绷带的各圈中，皮肤不可外露，每圈应重叠1/3或1/2，最后在肢体不易受压处打结。⑤在包扎出血伤口时，应使用无菌敷料或干净布类覆盖伤口，并适度施加压力进行包扎。

3. 固定

骨头受到外力打击，发生完全或不完全断裂时，称为骨折。骨折固定可以减轻疼痛，避免骨折端移动导致血管神经损伤，减少出血，防止感染。按骨折是否与外界相通,可分为闭合性骨折(骨折端未刺出皮肤)和开放性骨折(骨折端刺出皮肤)。对骨折伤,可根据伤员疼痛或压痛、伤部肿胀、畸形和功能障碍来诊断。

(1)骨折固定的原则。

第一,进行止血和包扎,然后再进行固定。

第二,采用就地固定的方式。

第三,固定的目的是制动,而不是进行整复。

第四,夹板与皮肤之间应垫放一些棉花、毛巾、纱布等软物,尤其是夹板两端、骨隆突处和空隙等部位,以防止夹板擦伤、压伤皮肤和对浅表神经造成压迫。

第五,固定必须牢固可靠,夹板的长度应超过骨折部位的上下两个关节。在固定骨折的上下两端之外,还必须将上下两个关节固定,并且应将伤肢固定在功能位置。

第六,固定的松紧度要适中。在固定四肢时,应使指(趾)尖露出,以便观察血运和感觉。如果发现指(趾)出现苍白、麻木、疼痛、肿胀和青紫等症状,应立即松解,重新进行固定。

第七,固定后应挂上标志,迅速将伤员送往医院。通常使用木制或塑料制的夹板,在野外可利用木板、木棍、树枝、竹竿、纸板等进行就地取材。

(2)骨折固定方法。

第一,前臂骨折固定法:在骨折部位的外侧放置夹板,然后固定骨折的上下两端和腕部关节,再用三角巾将前臂悬吊在胸前。如果没有夹板或其他硬质材料,可以使用两块三角巾,将上臂屈肘90°,用第一块三角巾将上臂悬吊在胸前,绕颈后打结,用第二块三角巾将伤肢固定在胸前。

第二,上臂骨折固定法:在上臂的外侧放置夹板,并使用绷带固定上下两端,然后用三角巾将上臂悬吊在胸前,再用绷带或三角巾将伤肢固定在胸廓。如果没有夹板或其他硬质材料,采用前臂骨折的三角巾固定法。

第三，小腿骨折固定法：使用两块相同长度的夹板，分别放置在伤肢的内外两侧，并进行加固。使用三角巾在骨折的上下端、大腿的中部、膝下和足部打结以进行固定。

第四，股骨骨折固定法：将夹板、扁担、竹竿等放置在大腿的外侧，对关节及空隙部位进行加棉垫。然后使用三角巾、绷带、腰带、毛巾、衣服等在骨折的上下两端、腋下、腰部以及膝、踝关节处进行固定。

第五，脊椎骨折固定法：3～4人同时蹲在伤员的一侧，一人托住伤员的肩胛部，一人托住腰部和臀部，一人托住伤员伸直并拢在一起的双下肢，一致地将伤员移至硬质担架或木板上。伤员仰卧，腰部垫有5～10厘米高的垫子，以保持腰部的过伸性。使用三角巾或绷带将伤员的胸部、腹部、胯部、踝部固定在担架或木板上。

第四节　高校定向运动竞赛

一、定向运动竞赛的流程

定向运动作为一种新兴的体育运动项目，是一项非常健康的智力与体力并重的智慧型体育运动项目。[①]参加定向运动竞赛是对定向运动的技能掌握情况的检验，也是参与定向运动、体验定向运动乐趣的重要途径。

（一）定向运动竞赛注册与报名

正式的全国性定向运动竞赛，运动员必须到指定部门进行注册登记，部门对其进行资格审查，并发给参赛证。参赛证应有运动员姓名、出生年月、照片、身份证号码及当年的竞赛组别。如果要参加定向运动精英组的竞赛，中国定向运动协会应在参赛证上注明。注册登记应每年一次。

参加小型定向运动竞赛时，运动员应首先进行报名。组织者通常会提

①吴云兰，赵娟．我国定向运动竞赛训练现状分析[J]. 卷宗，2020(19).

前两个月对外发布正式竞赛通知。向参赛者公布的竞赛信息主要包括以下内容：

第一，竞赛的名称、项目、分组。

第二，时间（年、月、日）。

第三，竞赛目的（是选拔赛、公开赛、邀请赛还是锦标赛）。

第四，地形特点、当地温度。

第五，竞赛各组别的路线概略长度、难度或总爬高量。

第六，地图比例尺、等高距。

第七，报到时间、竞赛开始时间。

第八，竞赛编排方法（是抽签还是其他）。

第九，报名资格、报名费以及支付方式。

第十，报名地址，报名登记起止时间，限额，联系人地址、姓名、电话。

第十一，此次竞赛的竞赛规程。

第十二，附报名登记表一份。这些竞赛信息将有利于运动员的报名选择。

（二）定向运动竞赛的准备

报名结束后运动员将得到一些更为详细的资料，这时即可开始竞赛的准备工作。准备工作主要包括：①认真学习有关本次竞赛的规程、规则和要求；②根据自己的目标和能力加强定向运动的各项技能和体能的训练；③按规程规定，做好在定向运动竞赛中运动员允许携带的指北针、地图、笔以及与竞赛配套的检查点说明、检查卡和号码布等准备；④在竞赛的前一天，准备好饮料、干粮和零用钱，竞赛前夕应充分休息，注意饮食；⑤如果竞赛另有补充规定或通知，运动员应尽快阅读，以保证顺利完成竞赛；⑥认真积极地做好临赛前的准备热身活动，避免运动中伤害的发生。

对参加或准备参加定向运动竞赛的各级选手提出一些基本的要求是十

分必要的。这些基本的要求主要有:①参赛者应具备一定的识图技能,如地图比例、地形地貌及其各种符号的识记技能;②参赛者应具备一定用图技能,如结合指北针辨明方向、位置以及判读地貌的技能;③参赛者应具备一定的越野赛跑的技能和基本身体素质,如越野赛跑技术、耐力、力量、速度、灵敏、平衡以及心理素质等;④参赛者应具备一定的适应、应变和自救能力;⑤参赛者应学习定向运动竞赛的基本规则,并在竞赛中严格遵守规则;⑥参赛者必须注意培养自己的环境保护意识;⑦参赛者必须购买保险。

(三)定向运动竞赛的程序

完成报名后,运动员需熟悉参加定向运动竞赛的基本程序。竞赛的基本流程包括:报到处—出发区—竞赛过程—终点处—返回会场。

在竞赛开始前,运动员首先要前往赛区的报到处,出示有效的参赛证件,完成登记手续,领取参赛号码布和检查卡片,并在报到处查看本组和其他各组运动员的出发时间或竞赛相关基本资料。

运动员需在出发前10分钟抵达出发区,报到处到出发区的距离根据竞赛规模、级别和选手水平而定(通常是步行几分钟至30分钟的路程)。运动员按照组织者设置的路标前往,如因个人延误而迟到,损失的时间将不予补偿。小型基层定向运动竞赛也可集体集中组织前往。

各组运动员每隔一分钟或若干分钟分批次出发,出发后需迅速离开出发方格,以免阻碍其他运动员。在竞赛中,运动员必须按顺序找到所有检查点,并打卡后到达终点报到。

运动员越过计时器时,计时员会记录下他的到达时间,然后在地图收集处交回地图和检查卡片。运动员返抵终点后,须迅速离开,以免妨碍后续运动员。

运动员可在成绩布告板上查询竞赛成绩,如有异议需在成绩公布后5分钟内提出。

(四)定向运动竞赛的要点

(1)参与者集体报到后,组织者将分发竞赛编号(号码布)、检查卡片等物品,运动员应撕下检查卡的副本并交给工作人员。

(2)距离触发时间还有10~15分钟时(根据报到处与出发处的距离而定),运动员可在工作人员(或标志)的引导下前往出发区。

(3)进入出发区后,运动员应检查自己的着装和基本装备,并及时向起点裁判员交验检查卡、检查点说明表等参赛凭证及竞赛用品。

(4)明确出发区的方位,仔细观察周围的地形和地貌,把握出发方向。如终点在附近,还需观察终点周围的环境。

(5)运动员进入待发区后会收到竞赛地图(注意不要进错通道、拿错地图),应迅速阅读,分析各检查点标志周围的地形和地貌。

(6)初次参赛的选手特别要注意到达第一个检查点的方向和路线。顺利到达第一个检查点有助于提高运动员的自信心,为后面的竞赛奠定良好基础。

(7)如果竞赛图上未标示竞赛路线,参赛者需要到标图区按照基本图进行描绘。标图区通常设在出发线前方30~100米处。描绘竞赛路线时要细心谨慎,防止绘错检查点的位置。描绘完毕后应将尺子、红圆珠笔等留在原处,以便后续运动员使用。

(8)运动员听到出发指令后应迅速向第一个目标点出发,尽快离开出发地域,并应避免为他人引路。

(9)在检查点打卡时,要仔细核对检查点的代码是否与自己要寻找的检查点代码相符。使用检查卡计时时应注意打印要清晰、位置要正确;使用电子打卡器,电子器发出打卡成功的信号。

(10)抵达终点后应立即将检查卡、地图、检查点说明卡等交给终点裁判员。

(11)当竞赛起点与终点位于同一处时,已完成的队员不得与未出发的队员交流。

二、定向运动竞赛裁判工作

以下以接力赛为例,探讨裁判工作及裁判规则。定向运动接力赛是定向运动竞赛的主要团体竞赛项目之一。定向运动接力赛是每个接力队的运动员均按预先安排的顺序一个接一个地完成各自赛段,竞赛的成绩取决于完成全部检查点的准确性及全队所用的总时间。

接力赛要求参加竞赛项目的各队力量均等,参加人数相同,运动员由条件相同的成员组成。

(1)以性别、年龄段分组可以单项定向运动竞赛各年龄段分为男子组、女子组。也可以学龄段分为:小学男子组、小学女子组,初中男子组、初中女子组,高中男子组、高中女子组,大学男子组、大学女子组等。每队成员数可为2人、3人、4人等。

(2)以年龄段分组的混合组在同一年龄段组成男女混合组。如,1男1女的两人混合组、2男2女的4人混合组等。

(3)精英接力赛只按性别分组可以分为男子组、女子组、男女混合组等。男子组、女子组每队成员可为3人、4人等。男女混合组每队成员可为1男1女2人混合组、2男1女3人混合组、1男2女3人混合组、2男2女4人混合组等。

(一)出发区及起点的裁判工作

第一,定向运动接力赛出发区。定向运动接力竞赛参加队不太多时,可以分时分批出发。同批出发运动员也不太多时,竞赛出发区可采用定向运动的单项项目竞赛出发区的形式,根据每批出发运动员的多少只需横向增加几条通道即可。定向运动接力竞赛参加队较多,同批出发安排运动员较多时,则可采用以出发线按一字排列方式,多队同批同时出发。获取地图则可采用悬挂式取图。地图悬挂方式是将地图反面悬挂,背面为各队顺序号,或将各队图悬挂于各队顺序号下方。地图悬挂高度为运动员举手可得的高度。

第二,定向运动接力竞赛的起点裁判工作。定向运动接力竞赛的起点裁判工作基本上与单项项目竞赛相同。同批出发运动员较多时采用将各参赛队按顺序编号,以出发线按顺序编号排列出发。为便于竞赛组织,各参赛队运动员号码与本队顺序号相同。必要时,还可增加小号码显示各队接力队员的顺序号。定向运动接力赛必须在出发指令发出后方可取图。

(二)换段区及接力区的裁判工作

第一,定向运动接力竞赛的换段区裁判工作。定向运动接力赛的换段区通常设置在终点区,与定向运动接力赛终点一致。该竞赛不仅需要记录各参赛队的总成绩,还需要记录每段运动员完成各段的运动成绩。换段区的一半是终点区,包括终点通道、终点线和交接通道;另一半是接力区,包括运动员进入接力区通道、交接区和出发通道。

第二,定向运动接力区的接力规则和裁判工作。换段的运动员必须经过接力区裁判员检录后,经裁判员安排才能进入换段区。接力交接采用触手方式,换段运动员完成触手交接后方可取图出发,不得错取地图。若未完成触手交接或错取地图,将判处竞赛成绩无效。

换段区设有检录裁判员、检查裁判员、地图管理裁判员、换段监察裁判员、记录和计时裁判员等。检录裁判员负责换段区参赛队运动员的检录工作。检查裁判员负责检查换段区参赛队运动员的衣着、号码佩戴、检查卡的准备等工作,并根据竞赛进程组织引导运动员进入换段区和交接区。地图管理裁判员负责准备换段区的地图,包括地图的分组编号,并按照编组号放置在各接力队编号对应的位置(可以采用将地图按编号反贴于取图板上,也可以采用悬挂式放置地图)。在竞赛中,地图管理裁判员监督运动员按照各队的编号取图。换段监察裁判员专门监督终点到达运动员与换段运动员完成接力触手交接的方式,以及相关的裁判工作。记录和计时裁判员记录抵达换段区终点的运动员成绩,并负责公布抵达换段区终点的运动员完成运动路线的成绩。

(三)终点区及成绩的裁判工作

第一,定向运动接力竞赛的终点区。在定向运动接力竞赛中,终点区通常与换段区设置在同一地点,即终点区与换段区布局相同。在举办重要的定向运动接力竞赛或者有较多参赛队时,也可以考虑专门设置终点区。

第二,定向运动接力竞赛终点区的裁判工作。定向运动接力竞赛的终点区裁判工作与一般单项竞赛基本相同。裁判们负责记录各参赛队最后抵达终点区的运动员成绩,并根据全队完成整场接力竞赛的成绩来确定总成绩和名次。此外,他们还负责公告相关比赛信息。

第六章　高校攀岩运动课程的教学实践

第一节　高校体育课程中攀岩运动的设计基础

攀岩运动作为运动项目的一种，对运动员起到了强身健体、娱乐、竞技以及教育的作用[①]，攀岩运动最初是由登山运动逐渐演变而成，在体育运动项目当中，已经逐渐成为受到人们广泛喜爱和关注的重点运动项目之一。攀岩运动集竞技、娱乐、休闲以及健身于一体，吸引了大量的青少年爱好者，在这种形势下，很多高校将攀岩运动作为体育课程当中的一项运动来学习。在学校开设攀岩运动课程越来越受到重视。攀岩运动的教学不仅能够从根本上加强素质教育，而且能够将体育课程的特殊功能充分发挥出来。在实际教学过程中，根据攀岩运动自身的特点，将攀岩运动切实有效地引入高校体育课堂当中，在实际教学过程中，利用人工岩壁、自然岩壁来展开体育活动。根据学生的实际情况，利用一些丰富多样的教学手段和工具，提高学生的参与兴趣，让学生能够在参与攀岩运动的过程中，锻炼自己的身体素质、磨炼自己的体育精神，掌握攀岩的相关知识和技能，培养学生良好的心理素质和适应能力，对学生的日后生活、学习以及发展都有非常重要的影响和意义。

一、攀岩运动设计的基础

攀岩运动是勇敢者的乐园，它惊险刺激、新颖时尚，能充分满足人们要求回归自然、寻求刺激，并从中挑战自然、挑战自我，达到超越自我的初衷，

---

①张博．攀岩运动可持续发展研究[J]．当代体育科技，2014(8)．

这也是它深受人们喜爱的主要原因。攀爬者勇于尝试未曾尝试过的攀登线路，并要求全身心地协调配合来达到最终目标。在攀爬过程中能充分融入自然，回归自然，学会如何在大自然中把握自己的行为，学会如何保护自然并自觉遵守大自然的环境规则。在攀岩运动中，只要拥有一双攀岩鞋、一副安全带，不同年龄、性别、文化背景和不同身份、地位的人均可在此共享攀岩所带来的快乐。

攀岩运动正以其自身所特有的魅力、张扬的个性，感染着不断加入其中的爱好者们。攀岩运动会让你在与岩壁的抗衡中学会勇敢与坚强，在与大山的拥抱中感受宽容，在完成路线攀登后享受成功与胜利的喜悦。

（一）攀岩运动的功能设计

攀岩运动是一项能够锻炼攀登者综合素质的运动，经常进行岩壁、悬崖、高墙、山洞、冲沟、山溪等攀爬训练，不仅能提高抠、拉、夹、引、攀、爬、撑、平衡等技能，而且能培养勇敢顽强、坚忍不拔的意志品质和团结互助的精神。

第一，强身健体，提高应变能力。由于攀岩技术的复杂性、路线设置的创造性与可变性、心理与生理负荷的高度刺激性，场地、支点形状的多样性以及观众、运动员等情绪的瞬息万变，所以长期进行攀岩训练（或锻炼），能够全面地增强各运动器官、内脏器官和神经系统的功能，促进人体全面发展，还可着重锻炼身体的某些部位，或发展某种身体素质，进一步提高身体全面发展水平；充分挖掘心智潜力，提高应变能力。

第二，培养勇敢顽强、坚忍不拔的意志品质和团结协作精神。由于攀岩运动险、难的特性，所以在进行攀岩技术训练时结合思想政治教育，可以培养学生勇敢顽强、团结互助的精神和坚忍不拔的意志品质。

第三，活跃学校文化生活，促进校园精神文明建设。攀岩技术不仅具有较高的实用价值，而且还因其险、难、美和高超的技艺性而具有较高的观赏价值。在各级各类学校进行各种攀岩竞赛,可以充实学校的文化生活,促进精神文明建设,体现其特殊的教育功能。

（二）攀岩运动的开展形式

攀登运动的开展形式多种多样,大致可分为四大类:高山探险、攀岩、攀冰和冰岩混合攀登。目前,用来攀岩的岩壁主要有自然岩壁和人工岩壁,而比较普及的是人工岩壁,因为它有安全保障,同时又可以切合实际选择、设计攀爬路线的难度,具有安全、可操作性强的优点,因此,人工岩壁的攀登近年来备受广大业余攀岩爱好者的青睐。

1.按照场地类型分类

攀岩活动根据场地类型可分为自然岩壁攀登和人工岩壁攀登两类。

(1)自然岩壁攀登,是指在自然形成的岩壁上进行攀登活动,通常需要进行前期的清理、开发和整理工作,以确保攀登线路的安全和畅通。

(2)人工岩壁攀登,则是在人工设计和建造的岩壁上进行攀登,主要分为室内攀岩馆和室外攀岩场两种形式。在室内攀岩馆,攀岩者可以在受控环境下进行练习和挑战,而室外攀岩场则提供更加多样化和挑战性的攀登体验。

2.按照攀登方式分类

按照攀登方式的不同,攀岩可以分为自由攀登和器械攀登两种类型。

(1)自由攀登,这种方式是指攀登者完全依靠自身力量进行攀登,不借助任何器械。自由攀登在中国攀岩运动中占据主导地位,符合体育运动的本质。它主要考验攀登者在难度、速度和攀石等方面的综合攀爬能力。自由攀登又可细分为运动攀登和传统攀登两种形式。

(2)器械攀登,这种方式允许攀登者借助器械作为攀登工具。器械攀登主要应用于大岩壁攀登和自然岩壁线路开发过程中,攀登者需要具备丰富的器械使用和攀登经验。

3.按照保护方式分类

按照保护方式的不同，攀岩运动可分为顶绳攀登、先锋攀登、自动保护器攀登和其他有保护措施的攀登类型。

（1）顶绳攀登，这种方式下保护点设于攀登线路顶部。攀登者一直位于保护点下方，整个攀登过程中不会发生冲坠，相对较为安全。通常适用于攀登线路角度小于120°的情形。

（2）先锋攀登。攀登者在攀登线路沿线预先设置膨胀钉和挂片器材作为保护点，并在攀登过程中依次将保护绳扣入这些保护点（含快挂）。相对于顶绳攀登，这种方式较为危险，攀登者可能会发生冲坠，通常适用于大仰角（大于90°）线路的攀登。

（2）自动保护器攀登，这种攀岩自动保护系统是专为攀岩设计的。它采用自调节磁性制动系统，通过ISO17025标准测试认证，符合国际安全标准。磁性非接触式设计可最大限度地减少部件损耗，根据攀登者的体重自动调节阻力大小，下降平稳，并通过下降警示音提醒攀登者及周围人群。模块化设计和扁带传送结构使其比钢缆传送结构更加安全，减少摩擦，便于更换。自动保护器的特点在于减少人为操作保护的不确定安全因素，通常适用于无大仰角（大于90°）和不规则线路的攀登。

（4）其他有保护措施的攀登.随着攀岩运动的发展和新材料的应用，新型攀登方式如攀石、深水攀等不断涌现。同时，海绵垫、充气垫、强力安全网甚至水池等安全保护措施也被应用于攀岩保护，并取得了良好的效果。

4.根据竞技攀登形式分类

根据竞技攀登形式的不同，攀岩运动主要分为速度赛、难度赛和攀石赛。

（1）速度赛。

速度赛是运动员按照指定的比赛路线进行速度攀登的比赛形式。通常设有资格赛和淘汰赛两轮。速度赛是按照运动员完成比赛路线所用的时间来决定每轮比赛的名次。

(2)难度赛。

即先锋攀登。难度赛要求运动员下方系绳保护,带绳向上攀登,并按照比赛规定有次序地挂上中间保护块挂锁的比赛形式。攀登的最后高度将决定运动员在每轮比赛中的名次。难度赛的比赛形式有:首攀,对线路进行规定的观察后进行;看攀,通过观看试线员的试攀后进行或观看其他运动员的攀登;极限攀,对线路进行规定的练习后进行。

难度赛通常包括资格赛、半决赛和决赛。资格赛,在一条或两条(相同或不相同)线路上进行。当比赛在两条线路上进行时,两条线路也应难度相同、风格相似。半决赛、决赛,在一条线路上进行。必要时可以进行超霸赛。

(3)攀石赛。

攀石赛又称抱石赛,由一系列短线路组成,常被称作难题线路。攀石赛要求岩壁高度不得超过4米,一轮比赛中每条线路的手点数平均为4~8个,最多为12个。运动员攀爬时不需要绳子保护。攀石赛一般包括3轮比赛,分别是资格赛、半决赛和决赛,每轮比赛的线路为4~5条。每次比赛需要选择多条路线进行攀爬。

5.攀登运动的其他形式

(1)环保攀登。

环保攀登常被认为是真正意义上的攀登。环保攀登要求先锋攀登者独自携带一条或两条主绳,一边攀登一边在岩壁的裂隙中寻找、放置保护点,并且每放置好一个保护点,就立即把主绳扣入快挂扣内。保护者通过主绳和保护装备进行保护。当先锋攀登者到达一个合适的位置时,便在该位置区域放置更多的保护点,以保护第二个攀登者攀登到该位置。在第二攀登者攀登上来时,把所有保护点都收起来,以便继续攀登使用。在攀登过程中,不可以拉或站在器材上(除非出现紧急情况才可以)。

环保攀登方式又称为传统攀登或冒险攀登。它允许攀登者可以在没有保护点的情况下，越过未曾攀爬过的一小段岩壁。在这种攀登中，第二攀登者必须尝试使用自由攀登形式，来重复先锋攀登者借由工具上攀所经过的攀爬路线。传统攀登的好处是，攀登者可以使用相对较少的保护器材，就开始攀登岩壁上的任何一个角落，但前提是岩壁上必须有足够的裂隙环绕在攀爬路线左右，以便于放置保护点进行确保。缺点是有些岩壁太过光滑或脆弱（易粉碎），以致无法支撑保护点，并且有时所放置的保护点在发生坠落时，比钉在岩壁上的挂片更容易脱离岩壁。

（2）峭壁攀登。

峭壁攀登通常都是在突出地表的巨大岩石上进行的，有些峭壁高约20～100米，只需几个绳距就可以登顶。一根绳距通常是指攀登的一段长度，通常也等于主绳使用的长度，或者刚好到达一个确保点位置的距离。峭壁攀登与运动攀登不同之处在于峭壁攀登不使用挂片，并且当峭壁攀登者完成攀登后，通常会通过简单的山径徒步下山，而不必借助保护者用主绳保护下降。

（3）建筑物攀登。

建筑物攀登是在非为攀登目的而建的人工建筑物上进行的攀登。主要攀登方式有：墙壁徒手攀登、攀水管、攀墙垛、撑臂上攀窗台、抓绳上攀等。

二、攀岩运动的设计思路

（一）确定教学目标

攀岩课程的教学不单纯是身体教育。在实际教学过程中，学生要掌握运动机能以及相对应的科学知识，在保证学生的身体素质、兴趣爱好、养成良好锻炼习惯的基础上，将培养学生体育人文精神放在前面。在实际攀岩教学过程中，让学生能够清楚地意识到挑战自我、团结互助、灵活应变的重要性，这样不仅能够强化学生自身的身心素质，而且对学生日后的学习、生活以及就业来说，都有非常重要的现实意义。

（二）设置教学内容

在当前社会环境的影响下，攀岩运动的课程内容设置，应当充分利用人工岩壁和自然岩壁展开切实有效的教学。每堂课的教学不仅要包括理论知识部分，还要包括实践部分，将理论和实践进行有效结合。攀岩理论部分主要是讲解攀岩运动的人文精神、攀岩课程的实际意义以及作用、基本技术以及执裁规则等，而实践部分则是讲解绳结、装备与装备的连接、攀登技术（手法、脚法、身法）、保护技术（顶绳攀登的五步保护法）和下降技术（保护站的设置与下降、给同伴保护后的下降）。在学生刚刚接触攀岩的时候，由于学生的兴趣浓度比较大，所以教师一定要提高学生的安全意识，让学生在安全的环境氛围下展开攀岩运动。在教学过程中，教师要注重学生的兴趣培养，让学生不仅在课堂上积极参与，在课余时间也能够主动投入攀岩运动当中，教师要注重学生运动前的准备，避免出现肌肉拉伤等现象。

（三）安排教学进度

攀岩运动是一项实践性比较强的运动，也是一项风险性比较高的运动，所以教师要将攀岩课程分为3个等级，包括初级、中级、高级。每个班级目前基本上控制在30个人之内，这样不仅有利于管理和控制，而且能够充分保证学生在运动过程中的安全性。分组情况可以根据学生的实际身体素质和能力来判定。课程内容的安排要遵循循序渐进的原则，逐渐加大难度，让学生能够有一个良好的过渡阶段，不断强化其自身的攀岩技巧，达到强身健体的目的。

（四）制定教学原则

教师在贯彻执行教学大纲的过程中，要始终坚持抓好学生的思想教育，将教书育人放在教学工作的首位。教学过程中，教师要突出攀岩课程的重点内容，让学生能够逐渐掌握攀岩的技巧和方式方法，培养学生逐渐独立自主地完成所有操作内容。在攀岩的实际教学过程中，将提高学生综合素质作为根本目标,将目标贯穿于攀岩运动教学中的每一个环节当中。教师在攀岩运动实际教学过程中,根据学生的实际情况,对学生开展有目的、有针对性的教学,教师要控制和管理自己的言行,为学生树立良好的榜样,将教师的主导作用充分发挥出来,这样才能够保证学生的积极性被充分调动起来。

第二节　高校攀岩运动的装备

自攀岩运动诞生之日起,人们就开始不断地研制和生产各种攀岩装备。由于所有的装备都直接关系到攀岩者的生命安全,攀岩装备必须符合中华人民共和国国家标准(GB标准),或者通过国际攀登联合会(UIAA)测试标准或欧洲安全标准(CE)。按功能分为保护性装备和辅助性装备;按材质分为:织物类(尼龙材质)、金属类等。

一、攀岩绳

攀岩绳又称主绳,是攀登的象征,它为攀登者与保护者之间建立起了一种可靠的远程连接,为操作者提供了一个安全的平衡过渡。在攀爬的困难点或是意外发生而致使坠落时,攀岩绳能保护攀登者的安全。然而,仅凭一条绳子并不能保障攀登者的安全。攀岩绳只是整个攀登确保系统中的重要一环。一旦开始真正的攀登,攀岩绳就会变成最重要的装备,而且是除了徒手攀登外,几乎所有的攀登形态都离不开它。一旦发生坠落,攀岩绳就是最大的依靠,是生命的安全线;如果想努力突破困难点,攀岩绳就是预备支援;同时,它也是在任何情况下回到地面以及继续某个路线攀登的方式,因此在攀岩运动中攀岩绳常被称为“攀岩者的生命线”。

早期的攀登者使用的是用天然纤维制成的绳索,但在严重坠落的情况下这种绳索是无法支撑的。后来出现的尼龙绳,彻底地改变了攀登运动。尼龙攀岩绳质轻但坚韧,一般可以承受2吨左右的重量。尼龙绳的弹性特点是保护发生坠落的攀登者的重要因素。当攀岩者发生坠落时，尼龙绳便会伸展，分散大部分的冲击力，从而减轻坠落的力量，不至于其遽然停止或剧烈摇晃。

最初的尼龙绳是“搓”或“捻”成的。后来搓或捻制的尼龙绳逐渐被专门为攀登设计的编织绳所取代。编织绳克服了尼龙绳的缺点（僵硬、摩擦力大、弹性过度等），保留了尼龙绳的优点，是目前获得国际攀登联合会（UIAA）以及欧洲标准委员会（CEN）检验合格的登山绳索。UIAA是制定登山装备的国际权威，CEN是欧洲地区负责设计与维持设备标准的机构。编织绳中间的绳芯是平行并列或编织成辫状的尼龙丝，在绳的外层覆以平滑编成的尼龙皮。绳芯由纤维组成，而包在绳芯外面的绳皮由不同材质编织而成，其中每一个细小的纤维都与主绳等长并且紧紧相连。主绳有很多不同的直径尺寸，从几毫米到20毫米以上都有，另外绳子也有从几米到几千米的长度。用不同的材质、直径和编织方式制成的绳子都有不同的品质、延展度与拉力。

当前大多数绳子都是由尼龙、合成纤维或一些类似人造纤维的材料所制成。绳子的中央部分（绳芯）通常都是白色的，因为染色会使纤维的力量产生改变，虽然是很小的改变，但绳芯承担了主绳90%的力量，所以不能大意。绳皮一般是由多种颜色构成，一方面，是便于辨认；另一方面，是可以防止太阳有害的UV紫外线。绳皮的颜色与绳芯的白色所形成的对比，有助于发现绳子的磨损与割伤。

（一）攀岩绳的类型

1.动力绳

动力绳又称弹性绳，主要用于攀登保护。动力绳一般长50米，直径为8～12毫米；延展性为6%～8%，承受力为：10千～30千牛顿。动力绳的延展性较强，冲击力道较低，可以吸收攀登者在发生坠落时所产生的大部分冲击能量，避免攀登者的身体因直接承受那种巨大的冲击力而受伤。静态延展率单绳不得大于10%,双绳和对绳的延展率不得大于12%。当然,随着使用时间的增加,弹力也会慢慢减弱,使得坠落时主绳的承受冲击力也慢慢下降。在先锋攀登中大都要使用弹性绳以确保攀岩者的安全。购买攀岩绳时,最重要的就是考虑其延展性,一般冲击力越低越好。使用冲击力低的绳子能使攀岩者在发生坠落时不会遽然停住,而是传导至坠落者、从而降低对攀岩者和固定点的冲击力,有利于攀岩者的安全。动力绳主要有单绳、双绳、半绳和万用绳几种类型。

(1)单绳。

单绳可单独使用,直径一般是9~11毫米,长50~60米,比较适合个人的攀登,还可以在那些难度不大的天然岩壁上进行垂直攀爬时使用。单绳最适用于近于垂直角度和不从绳索下降的路线。攀岩常用单绳有以下四种:

第一,直径为10.5毫米的主绳:先进技术和高水准工艺使它具有创纪录的耐坠落次数,也正是因为它的卓越性能,才会受到所有攀爬爱好者的青睐,它适合不同的人群,上至攀登运动专家,下至业余爱好者,更是拓展学校、攀岩俱乐部的核心装备。直径为10.5毫米的主绳专为攀岩馆训练中心、拓展学校设计,具有超强耐磨表皮,它的使用寿命是普通绳索的2~3倍。

第二,直径为10.2毫米的主绳(动力绳):各项指标均为同等产品中的顶级,它的技术特点使它在各种场合经常被使用。兼顾经典性与超细性之间的特点。

第三,直径为9.7毫米的主绳(动力绳):重量轻、操作灵便、抓握牢固、结实耐用,顺滑程度、强度都无可挑剔,适用于经验丰富的攀登高手。

第四,直径为9.4毫米的主绳:专为攀登高手设计的绳索,多用于高难度线路。在同等重量的绳索中,直径为9.4毫米的主绳的耐冲击次数令人难以置信,使用者可以明显感知在挂锁时平滑而灵便的操作性能。

(2)双绳。

双绳一般在绳头写着"00"符号,表示在任何情况下必须两根同时使用,两根绳必须同时挂入每个保护点。双绳每一条的直径是8～9毫米,通常适用于那些难度较大、距离较长或比较曲折的攀岩路线。双绳由于是两根绳子同时使用,所以所能承受的拉力是单绳的数倍。

(3)半绳。

半绳又称对绳,除下降外必须两根同时使用,但两根绳可以轮流挂入不同的保护点。专为高山徒步和雪地运动设计,长度有20米、30米、48米3种规格,每12米有一个黑色标志点,方便结组。半绳是冒险攀登的好伙伴,双股使用才能保障安全,尤其适用于冰雪混合路线。通常情况下,双股半绳所产生的坠落冲击力会大于单绳,因此不建议使用对绳连接类似冰锥这样的不确定保护点。

(4)万用绳。

万用绳可做单绳、双绳和对绳。作为单绳,适于高水平攀岩;作为双绳或对绳,适应于攀岩或登山。

2.静力绳

静力绳的直径为9.5～12毫米,常用的为10～10.5毫米,静拉力可达2000千克,延展性为2%～3%。静力绳直径较粗,表面较粗糙,表皮防磨能力更强,绳皮编织较为扎实并显得僵硬,绳芯纤维一般不缠绕或是弯曲。与动力绳相比,静力绳不能靠伸缩来吸收冲力,而动力绳能够伸缩吸收脱落所产生的冲力,特别为下方保护而研制,在有动力冲坠可能性的项目中,一定要用动力绳,不能使用静力绳。静力绳多为白色,并带有一点彩色条纹以便区别辨认,即使彩色,也都是单色,也有的采用黑色或绿色,主要用于军事上。

静力绳无延展性或延展性极差,不能用于保护先锋攀登者。静力绳一般用作路线绳,常用于洞穴探险、搜救、溯溪、溪降、垂降、攀登高山峭壁时担任安全绳及使用在顶绳保护上,也可作为在大岩壁攀登时的拖拉装备使用。目前有些登山者使用一般的尼龙绳作为路线绳,因为质量更轻而且便宜,但是一般的尼龙绳存在一些缺点：容易磨损；扭曲很严重；上升器不容易咬住。

静力绳与动力绳的色彩区别标准：静力绳不允许超过2种相对的颜色，其中一种主色必须占所有面积的80%以上。而动力绳的绳皮是多色的并且相互交织。

3. 防水绳

绳子湿了以后，不仅重、不易抓握，而且也可能因结冰而不听使唤。湿绳能承受的坠落次数较少，强度也比干燥时减少约30%。因此，绳子制造商会在某些绳子上采用硅树脂等加以处理，使得绳子更加防水，从而在潮湿的环境下可以更坚韧。绳子经过处理后，不但可以提高耐磨性，还可以减低绳子穿过主锁时的摩擦力。

（二）攀岩绳的选择

攀岩用的主绳有很多不同的口径，不过最常用的有9毫米、10.5毫米、11毫米的动力绳。9毫米的编织绳就是通常所说的半绳，认为只有两条半绳一起使用才是安全的，在该绳子的绳头都会标有“1/2”的字样。双绳攀登可以使先锋攀登者在主路线架设保护点时，避免不必要的摩擦，因为它可以在路线的一边挂绳，也可以接着在路线的另一边挂绳。直径为10.5毫米和11毫米的绳子通常被称为单绳，在绳头上会表示“1”，此绳较适合变化不大的直线路。

在购买攀岩绳时要注意以下四点：

第一，根据主要的攀登形态选择主绳。常用于登山攀岩的绳索主要有单绳、半绳和双绳。单绳最常见也最容易使用。在攀爬巨石形成的峭壁和大岩壁的时候特别流行使用单绳；双绳可以提供所需要的额外的防切割保护和足够的下降长度，多用于攀登高山；半绳的使用需要有使用技巧，最适合在不易保护的蜿蜒路段。如果常做传统攀登，最好选择两条半绳，但如果是运动攀登，就需要一条单绳。

第二，绳子的长度。登山、攀岩绳索的标准长度不断加长。20世纪初期，30～37米的绳子较为常见；到了20世纪六七十年代，大多数攀登者都喜欢使用45米的绳子；到了20世纪80年代，50米长的绳子较为盛行；而从20世纪90年代至今，60米长的绳子逐渐变得更为流行。

第三，选择较为喜欢的触感，但又必须在选择绳皮较软、较好打结或是绳皮较紧密所产生耐摩擦性中，做出平衡。

第四，注意主绳的防水处理。尤其是在潮湿或下雨、下雪的天气里攀登。一般来说，经过干燥处理的绳子在外皮都具有一种硅酮等有机化合物，以防止因水进入绳内，而使绳子吸水变重。

二、安全带

安全带为攀爬者和确保者（保护者）提供一种舒适、安全的固定装备，可以把坠落的冲击力分散到腰和腿上，避免全部集中在腰上而受到伤害。安全带的结构分为腰环、腿环、保护环、攀登环、装备环及腿环限位带。一般成人攀岩者都是使用坐式安全带，而对于孩童，因其臀部尚未发育完成，所以必须使用完整的全身安全带。安全带的选择除了要配合攀爬者的身材条件，使其感觉舒服和有安全感之外，还应根据攀登者的用途来选择合适的安全带。

（一）安全带的选择

在购买安全带时需要考虑最常接触的攀登方式，选择最适合的安全带，这里大都以坐式安全带为主。

（1）多用途安全带。

多用途安全带可适用于各种不同类型的攀登方式，甚至于紧急救难。通常在安全带的腿环和腰带的部位都会加上护垫，以使其更为舒适。可调式的腿环可以根据使用者的体型或从事的攀登方式来进行适当调整；安全带的腰带上有2～4个装备环，可以将需要的攀登器材或粉袋钩挂在装备环上，方便取用且不妨碍行动或操作；在安全带的前面设有一个确保或垂降绳环，可以很方便地进行确保或垂降。

(2)登山安全带。

在登山的行程中发生坠落的频率比攀岩要少得多，在考虑到长时间的登山行程下，一般登山用的安全带都会尽量减少护垫的设计，以减轻安全带的重量和体积；可调式的腿环可以方便穿脱衣服，而不需要脱下安全带；至少有2个装备环，但有的登山安全带可能没有确保或垂降绳环。

(3)大岩壁安全带。

大岩壁攀登通常都是经过数天的多绳距攀登，因此安全带必须着重考虑舒适。有的安全带将腰带后部贴近背部的护垫加宽以提高其舒适性。可调式腿环可以方便穿着较保暖的衣服活动；安全带上至少有4个装备环，以便将需要的攀登器材或粉袋钩挂在吊环上，既方便取用又不妨碍行动或操作；在安全带的前面有一个确保或垂降绳环，可以很方便地进行确保或垂降。

(4)运动攀岩安全带。

运动攀岩安全带的主要特点是重量轻、舒适性高。柔软的护垫内侧可以增加攀爬的舒适度；固定式的腿环不会影响攀爬动作；如果是比赛型的安全带，腿环的宽度通常比一般攀岩型的还要窄。安全带装备环的数量依攀岩方式不同而有所差异。对于运动攀岩或上方确保攀登，一般需要2个装备环；而对于需要携带器材的传统攀岩，一般需要4个装备环。安全带的前面有一个确保或垂降绳环，可以很方便地进行确保或垂降。

(二)安全带的要求

第一，腰带。穿安全带时，腰带应该在髋骨上方，不可压迫到横膈膜，以致影响呼吸，并且安全带和腰部间要留有一个手掌的厚度。安全带穿好后，无论如何用力下拉，都不应被拉到髋骨以下。腰带的带子通过腰带扣环拉紧以后，至少还要剩余8厘米。

第二，腿环。腿环的宽松程度应该感觉舒服，如果是可调式腿环，带子通过腿环带扣拉紧后，至少还要剩余5厘米。

（三）选择注意事项

第一，安全带要有护垫良好的腰带和腿环，以增加舒适度与安全感。

第二，安全带要有独立于主安全带的腿环，但在通过安全带前方要有保护环。

第三，安全带要有扎实的回扣（反扣），才能够确保带子不会在坠落的冲击力之下从腰带扣中滑脱出来。如果是使用可调式腿环安全带，腿环带也应采用相同的反扣方式连接起来，以确保安全。

第四，在安全带的后面要有可调试系统，以便可以提起或连接腿环。

第五，安全带要有排列适当并且强而有力的工具环，以便吊挂各种装备器材。

第六，如果是髋骨太窄的成人或者是小朋友，就必须使用全身型的安全带，才能确保攀岩时的安全。

第七，要有UIAA或CEN认证。

三、主锁

主锁，也称为连接锁或安全锁，是一种可自由开合的金属环状物。它主要用于连接攀登者与主绳、保护器、绳套以及岩壁上的固定点，确保攀岩者的安全。主锁分为不同类型，包括有锁主锁和无锁主锁，而有锁主锁又进一步分为手动锁主锁和自动锁主锁。

（一）主锁的形状与款式

主锁（钩环）具有不同的形状、大小和上锁系统，每种形状都针对特定的用途设计。

对称型主锁：主要用于连接滑轮或其他工具。

不对称型主锁：特别适用于与安全带连接或在挽索末端使用。

梨形主锁：适用于安置多条绳索、吊索或便于使用Munte绳结的情况。

此外，还有O形主锁、D形主锁、弯口主锁、铁线闸口主锁等多种款式，每款都有其独特的特点和适用场景。

（二）主锁承受的拉力

主锁的承受拉力通常以千牛顿（KN）为单位表示，规格从10KN至40KN不等。这意味着主锁在纵向受力时，可以承受从1000千克至4000千克的拉力。然而，当主锁受到横向力时，其承受力会显著降低。

（三）主锁的使用及维护

使用主锁时，必须确保主锁纵向受力，特别是开口端不应受到直接拉力。丝扣主锁在旋紧螺丝后，能够锁定主锁门，避免意外开启。普通主锁虽不带锁扣装置，但重量轻、操作简便，适用于临时保护点。若用于固定保护点，则必须遵循双重主锁且对开门的使用原则。

维护主锁时，应避免高空跌落或硬物撞击，因为这些可能导致内部损伤。若主锁弄脏，可使用溶剂或润滑剂清洁，并确保在清洗后检查主锁的功能性。

应注意，始终使用经过UIAA或CEN认证的主锁，并避免使用来源不明或损坏的主锁。

四、扁带与绳套

攀岩用扁带通常都是用编织绳索的材料制成的，为了减小扁带的体积和重量，在缝制的扁带中会混入高模聚乙烯。扁带的强度来源于纵贯整个织物的纤维（又叫经纱）。横贯整个扁带宽度的纤维的作用是把经纱结合到一起。

扁带可以织成实心的“窄幅织物”或空心的呈扁平状的管状织物，当然仅仅从外观上很难区分扁带是空心的还是实心的。实心扁带可以织得很薄，也可以织得很厚，但无论薄厚它一般都非常僵硬，常常打不住绳结；空心扁带比起实心扁带更柔软一些也更适合打结。

绳套是把扁带或绳索的两端系在一起做成的绳圈，也叫作绳环。这些绳圈是可以发挥传动装置作用很好的工具，绳子会运行得很顺畅，且摩擦力更小。绳套也可以很方便地用来做安全锚点以固定顶绳、备用坐带或胸前安全带；并且还能完成众多其他任务。

从理论上讲一个绳套的强度应该和两根扁带一样结实。尽管合适的针脚等同于扁带本身的强度，但是，还是有各种差异会导致轻微的强度损失。

五、保护器或下降器

大多数保护器或下降器会通过将绳子穿过孔隙、环绕支柱（支柱一般为有锁主锁或保护器本身的一部分）并再次穿过孔隙来增大制动手的摩擦力，来保障坠落者不会继续下坠，下降者能减速下降。当主绳以正确方式通过保护器或下降器时，其特殊构造能增加摩擦力，使得主绳的制动端只需较小的握力即可控制受力端的较大重量。制动力在主绳失控滑落前，可以强力吸收一个强壮成年人的冲击力。保护器有许多类型，主要有孔型保护器和自锁型保护器。

（一）有孔型保护器

有孔型保护器有一个孔可供绳环通过，再扣入有锁主锁（主锁、铁锁）与安全带连接。常见的有板状保护器、管状保护器和8字环保护器等。可以用于确保的8字环主要有以下三种：

第一，保护式。如果8字环较小一端的孔刚好与典型有孔型制动器的孔一样大，则可以类同于板状或管状保护器来使用，要将绳环压入此孔并扣入有锁主锁（铁锁或主锁）。

第二，下降式。标准的垂降设计也可以用于确保。要求绳环穿过8字环大孔，并绕过保护器后方。

第三,运动式。将绳环穿过大孔,然后将绳子与8字环小孔同时扣入有锁主锁。

(二)自锁型保护器

可以自动锁上或具有自动锁上的装置。当确保者(即保护者)收绳或给绳时,绳子会很滑顺地穿过保护器,但是当坠落时绳子的骤然加速则会使保护器内部的凸轮自动锁上绳子,产生自动制动的力量。在使用保护器时应注意以下方面:

第一,8字形保护器以前最常用,但会使主绳反复拧转缠绕,ATC(Air Traffic Controller)保护器较好地解决了这一问题。

第二,保证主绳以正确方式通过,分清制动端和受力端;对于不能自锁的保护器,使用中始终要握住主绳的制动端。

六、头盔(岩盔)

头盔能有效保护头部,避免被落石或上方攀登者掉下来的器械砸到;避免由非正常脱落状态以及许多可能会突然撞到坚硬岩面的情况下所带来的头部伤害。

新型的头盔重量轻、通风好,且有各种不同的设计。购买头盔时要注意有UIAA或CEN标记,这样的头盔可以确保最低的防撞标准。头盔的外壳材料可能是塑胶、玻璃纤维或碳纤维。岩盔的内部悬架系统可以由带子组成,在受到撞击时可以避免头盔接触头部;也有的为聚苯乙烯材质,在受到严重撞击时会因吸收外力而破碎。在头盔受到严重撞击后最好将之淘汰。头盔要端正佩戴才能护住前额后脑及侧面。出现落石千万不要仰头观望或以手抱头,无处可躲时让头盔发生作用。

七、岩钉、膨胀铆钉、挂片、岩点

第一,岩钉,主要用来提供一种建立保护点的工具。岩钉一头是楔形,通过敲击楔进入岩缝提供保护力；另一头是环状，可以连接铁锁或扁带。旧式可塑性岩钉具有延展性，敲入后会依照裂隙形状而改变；新式岩钉由强化的铬钼钢或其他合金制成，主要是要裂隙迁就其造型而改变。在整个20世纪70年代，岩钉是北美登山界常用的固定点，但是因为敲打或移除岩钉会破坏岩壁，所以现在已经很少使用。要注意的是，敲入同一条岩缝的两个岩钉，存在撬开岩石的可能。

第二，膨胀铆钉。膨胀铆钉在运动攀登的自然岩场十分常见，有时也可在传统攀登或人工攀登（区别于人工岩壁的攀登）的路线上见到。在攀登用的地形图上，膨胀铆钉和固定的岩钉大多分别用“x”和“fp”来表示。膨胀铆钉的挂片可以用来挂上主锁（铁锁）。利用冲击钻和锤子，膨胀铆钉可打入整块岩石中，加上挂片就成为非常稳固的保护点。

第三，挂片（耳片）。挂片是保护点的重要组成部分，一侧通过膨胀铆钉或螺丝钉固定在岩壁上，另一侧则可扣入铁锁或快挂，或接上扁带。

第四，岩点。岩点（或支点）是为了让攀爬者在岩墙上有更丰富的攀爬路线而设计的，是攀岩者在攀登过程中接触最多的受力物体，可以根据需要自行调整支点位置，以增减攀爬的难度，所以岩点的品质对岩墙的优劣及攀登者的安全有很大的影响。

八、辅助性装备

（一）攀岩鞋

从普通鞋到攀岩鞋是提高攀登水平的重要变革。攀岩鞋的鞋底采用特殊的橡胶，摩擦力大大增加。攀岩鞋可使攀登能力大增，好的攀岩鞋应该很服帖，并且越是适合攀登的，就越能提高攀登能力。攀岩鞋种类繁多，适应于不同的石质、岩壁角度以及不同的攀登方式，在选择攀岩鞋时要注意如下四点：

第一，攀岩鞋穿起来要服帖又稍微有点紧。可以选择比平常鞋子小一两号的攀岩鞋，穿进去将脚裹得很紧，这样能使脚成为一个整体，有利于增强脚感，便于精确踩点和发力。在穿攀岩鞋时一般不穿袜子，或者只穿较薄的短袜，厚袜子会降低脚的敏感度，并且会让脚滑动，不利于在岩壁上的突点与小点之间转移重心。

第二，选择半硬底的攀岩鞋，它能够在支撑脚的同时不会在裂隙中变形。

第三，在攀岩鞋后脚跟与鞋底间要有橡胶包围的一层大约2～3厘米的“垫皮”。

第四，攀岩鞋要有提供脚踝支撑的功能，即鞋体向上延伸以保护脚踝。

攀岩鞋底要随时保持干净，并且在每次攀登后都要清理干净，一点清水和刷子就可以了。但是无论如何清洗，鞋子都一样会有小沙子及灰尘堵住，并且会随着时间而丧失抓力，因此，要尽可能地保持鞋子不要脏，在攀登时也尽量不要穿鞋子站在泥土上，在起攀前最好用刷子或软布擦擦鞋底。

（二）绳包

绳包的主要作用是在运输和操作时对绳索进行保护，不必盘绳，可直接放入。巧妙的设计可减少绳索打结和缠绕的可能。

（三）镁粉和粉袋

在攀岩界，镁粉通常指碳酸镁粉再加上二氧化碳等原料。在攀爬时使用碳酸镁粉，主要作用是吸收手上的汗液和岩壁支点表面的水分，以提供更大的抓力。

攀登者使用的镁粉一般都是块状的（要把它弄成粉状或碎片）也有的是粉球状的（主要是把粉装在棉布或尼龙布制成的细洞套子里）。粉球型镁粉在室内攀岩场更受欢迎，过多的镁粉末会影响身体健康。

粉袋有各种不同的设计，挂于腰后，双手都可以随时蘸取，大号的较适合攀石者使用，小号的较适合难度高的运动攀登路线。一个理想的粉袋一般要具备如下四点：

第一，大小足够可以比较方便地伸手进出。

第二，有调节扣收口的装置，避免镁粉跑出来。

第三，外形看起来有活力，袋口有一个硬的小圆框装置撑住，防止在使用时袋口紧闭不便取用。

第四，有维持材质的内里，方便手指着粉。

(四)攀岩绳绳刷和清洁剂

攀岩绳绳刷是专门用来清洗绳索的管状软刷，适用于多种直径的绳索。旋转绳刷，将其套在绳索上并置于清水中；一手握紧绳刷，一手拉动绳索使其在绳刷中来回刷动。

攀岩绳清洁剂是专为绳索调配的无伤害的清洗剂，很容易清除绳索和安全带上的污渍，且不会损害纤维。清洗绳索时水温要低于30℃。

第三节 高校攀岩运动的人工攀登技术教学

一、绳结

在攀岩中，绳结是一项至关重要的技能，对于攀岩者的安全和成功至关重要。学生在攀岩教育中需要全面学习各种类型的绳结，理解其用途和应用场景，并掌握正确的绳结技巧。

绳结在攀岩中具有至关重要的作用，它们不仅用于攀登过程中的安全保护，还用于装备固定和建立锚点。正确的绳结可以保证攀登者在攀爬过程中的安全，防止意外摔落或绳索脱落，同时也可以确保攀登装备的稳固连接，为攀登者提供必要的支撑和保护。

(一)绳结的各种类型

学生需要学习各种类型的绳结，其中包括但不限于：

第一，八字结，用于绳索的端部固定或连接。

第二，双鱼结，用于绳索的连接，特别适用于动态绳的连接。

第三，加力绳结，用于攀登者在绳索上进行上升或下降时的自我保护。

第四，十字绳结，用于建立锚点或绑定物体。

第五，安全绳结，用于增加安全性的额外绳结，例如备用结或停机结等。

（二）绳结的学习技巧

学生需要掌握正确的绳结技巧，包括但不限于以下方面：

第一，绳索的正确调节。学生需要学会正确调节绳索的长度和松紧度，以满足不同的攀岩需求。

第二，绳结的结实可靠。学生需要确保每个绳结都结实可靠，不易松动或解开，以保证攀岩过程中的安全性。

第三，操作规范和安全意识。在学习绳结的过程中，学生应时刻保持高度的安全意识，严格按照操作规范进行练习和操作，确保每一步都符合安全标准。

（三）绳结的教学方法

在教学过程中，应采取有效的教学方法，具体如下：

第一，渐进式教学。从简单到复杂，逐步引导学生学习各种绳结。

第二，实践操作。通过实际操作练习，让学生亲自动手练习绳结，加深理解和掌握。

第三，安全演示。教师应进行安全演示，强调正确的操作步骤和注意事项。

第四，反复练习。学生需要反复练习各种绳结，直到能够熟练掌握为止。

二、装备与装备的连接

学生需要了解和熟悉各种攀岩装备，包括攀爬鞋、安全带、主锁、快挂、绳索等。他们需要学习如何正确佩戴和使用这些装备，并且学会将它们正确地连接在一起，确保攀登过程中的安全性和稳定性。

在高校攀岩技术教学中，装备与装备的连接教学是非常重要的一环。

学生需要了解并熟悉各种攀岩装备，包括攀爬鞋、安全带、主锁、快挂、绳索等，同时学会正确佩戴和使用这些装备，并确保它们能够正确地连接在一起，以确保攀登过程中的安全性和稳定性。

第一，攀爬鞋。攀爬鞋是攀岩者的重要装备之一，其正确使用对于攀登效果和安全性至关重要。在教学中，学生需要学会正确选择合适的攀爬鞋，并学习如何正确穿戴和系紧鞋带，确保鞋子紧密贴合脚部，提供良好的支撑和抓地力。

第二，安全带。安全带是攀岩者的主要保护装备，用于固定攀岩者与绳索之间的连接。学生需要学习如何正确佩戴和调整安全带，确保其紧密贴合身体并调整到合适的位置，以确保在攀岩过程中的安全保护。

第三，主锁和快挂。主锁和快挂是攀岩中常用的连接装备，用于连接安全带、绳索、锚点等。学生需要学会正确使用主锁和快挂，并学习如何将它们正确连接在一起，确保连接牢固可靠，避免在攀岩过程中出现意外脱落或松动的情况。

第四，绳索。绳索是攀岩中的关键装备之一，用于攀登者的主绳、顶绳、下降绳等。在教学中，学生需要学会正确选择和使用不同类型的绳索，并学习如何正确连接绳索与其他装备，如主锁、快挂等，以确保在攀岩过程中的安全性和稳定性。

第五，连接技术。学生还需要学习各种连接技术，包括但不限于：①锚定，学生需要学会如何正确地锚定装备，建立稳固的锚点，确保攀岩过程中的安全性；②系绳，学生需要学会如何正确地系绳，将绳索与各种装备连接起来，确保连接牢固可靠；③调节，学生需要学会如何调节装备的位置和紧度，确保其舒适性和安全性。

在教学过程中，学生需要进行大量的实践操作，通过模拟攀岩场景，学习如何正确选择、佩戴和连接各种装备，以及如何应对各种攀岩情况和突发情况。最重要的是，学生需要时刻保持高度的安全意识，在教学过程中始终将安全放在首位，严格按照操作规范进行练习和操作，确保每一步都符合安全标准。

三、攀登技术

在高校攀岩技术教学中，攀登技术是学生必须掌握的重要内容之一。攀登技术包括手法、脚法和身法，这些技能在攀岩过程中起着至关重要的作用。下面将对这三个方面进行详细探讨：

（一）手法

手法是攀岩中最基本的技术之一，它直接影响着攀登者的稳固性和控制力。攀岩学生需要学习并掌握各种类型的手部技术，包括但不限于以下几种：

第一，抓握。学生需要学会正确的抓握技巧，根据攀登路线的不同选择合适的抓握方式，如抓握、挂握、侧握等。在攀爬过程中，正确的抓握能够帮助攀登者稳固地掌握岩壁，提供支撑和控制。

第二，插手。插手是一种常用的手部技术，攀岩者通过将手指或手掌插入岩缝或凹陷中，获取支撑和控制力。学生需要学习如何准确地插手，以确保插手点的牢固和稳定。

第三，用手掌支撑。在攀爬过程中，有时需要用手掌来支撑身体重量，以减轻手指的负担或稳定身体姿势。学生需要学习正确的手掌支撑技巧，保持手掌与岩壁的接触面积，确保支撑的稳固性和舒适性。

（二）脚法

脚法在攀岩中同样至关重要，它直接关系到攀岩者的平衡感和攀登效率。攀岩学生需要学习并掌握以下常用的脚部技术：

第一，选择合适的脚步位置。在攀登过程中，学生需要根据岩壁的特征和攀登路线的要求，选择合适的脚步位置。这包括平台踏、边缘踏、角踏等不同的脚步技巧，以确保脚部能够牢固地站稳。

第二，掌握踏足的力度。正确的踏足力度是保持平衡和稳定的关键。学生需要学会如何调节脚部的力度，以适应不同的攀爬情况，避免因脚步用力不当而造成的滑动或失衡。

第三，保持平衡感。在攀岩过程中，保持平衡是攀登者的基本要求之一。学生需要通过不断的练习和实践，提高自己的平衡感，确保在攀爬过程中身体的稳定性和灵活性。

（三）身法

以确保攀岩的顺利进行。身法在攀岩中扮演着桥梁的角色，连接了手部技术和脚部技术，是攀登者实现平衡、稳定和灵活移动的关键。以下是身法在攀岩技术教学中的进一步探讨：

第一，利用身体重心。攀岩者需要学会充分利用身体的重心来维持平衡和稳定。通过调整身体的姿势和重心位置，攀登者可以更好地适应岩壁的曲线和倾斜度，从而提高攀爬的效率和稳定性。例如，在攀登过程中，攀登者可以将重心向内倾斜，以增加与岩壁的摩擦力，提高抓握的稳定性；或者将重心向外倾斜，以减轻对手臂的负担，降低攀爬的难度。

第二，配合手脚动作。身体的配合动作对于攀岩者的成功至关重要。攀登者需要灵活运用手部和脚部的配合动作，以完成各种攀爬动作和技术要求。例如，在进行侧身攀登时，攀登者需要将身体重心向内倾斜，同时配合将手臂伸展到最大限度，以增加与岩壁的接触面积和摩擦力；而在进行跨步攀登时，攀登者需要将身体重心向前倾斜，同时配合将脚部移动到合适的位置，以保持平衡和稳定。

第三，身体姿势的调整。在攀岩过程中，攀登者需要根据岩壁的形状和攀爬路线的要求，灵活调整身体的姿势和姿态。例如，在攀登过程中，攀登者可能需要采取仰卧、侧卧、侧身、挂脚、挂背等不同的身体姿势，以适应不同的攀爬情况和技术要求。通过灵活调整身体姿势，攀登者可以更好地应对挑战,提高攀爬的效率和安全性。

第四,身体力量和柔韧性的训练。为了更好地掌握身法技术,攀岩学生需要进行身体力量和柔韧性的训练。这包括增强核心肌群的力量和稳定性,提高身体的柔韧性和灵活性,以及改善平衡和协调能力等。通过系统的训练和练习,攀岩者可以逐步提高身体的控制能力和适应能力,从而更好地应对不同的攀岩挑战。

四、保护技术

在高校攀岩技术教学中,保护技术是至关重要的一部分。其中,顶绳攀登是一种常见且有效的保护方式。学生需要系统地学习如何设置顶绳、建立安全锚点、使用快挂等装备,并掌握顶绳攀登的五步保护法,以确保攀登者在攀登过程中的安全。

(一)设置顶绳

在顶绳攀登中,设置好顶绳是保证攀登者安全的首要步骤。学生需要学习如何选择适当的顶绳长度,并正确地固定顶绳于攀爬路线顶部的安全点。这涉及正确选择固定点、使用合适的绳结和装备等方面。学生需要理解顶绳设置的原理和技巧,并通过实践操作来掌握这一技能。

(二)建立安全锚点

在顶绳攀登中,建立安全锚点是确保顶绳稳固的关键。学生需要学习如何选择合适的锚点位置,并使用正确的装备将顶绳固定在岩壁上。这包括使用岩钉、快挂、绳套等装备,以及正确设置安全绳结等方面。学生需要掌握建立安全锚点的技巧,确保锚点的稳固可靠,以提供有效的保护。

(三)使用快挂

快挂是顶绳攀登中常用的装备之一,用于连接攀爬绳索和安全锚点。学生需要学习如何正确选择和使用快挂,包括快挂的正确装配、连接和调整等方面。学生还需要了解快挂的不同类型和特点，并根据实际情况选择合适的快挂进行使用。

（四）掌握顶绳攀登的五步保护法

第一，设置第一点保护。在攀爬路线的起点，建立第一个安全锚点，并将顶绳固定在该点上，以确保攀登者在起点处的安全。

第二，攀登至第一点。攀登者从起点出发，沿着攀爬路线向上攀登，直至达到第一个安全锚点处。

第三，设置第二点保护。在攀登过程中，攀登者需要在适当的位置上建立第二个安全锚点，并将顶绳固定在该点上，以提供下一段攀爬路线的保护。

第四，攀登至第二点。攀登者继续沿着攀爬路线向上攀登，直至达到第二个安全锚点处。

第五，持续重复。在攀登过程中，攀登者需要持续重复以上步骤，建立多个安全锚点，以确保攀登者在整个攀爬过程中的安全。

通过掌握顶绳攀登的五步保护法，攀岩学生能够有效地保护自己和队友，在攀岩过程中保持安全。这一技术对于攀岩教学和实践具有重要意义，学生需要通过实践操作和模拟训练来掌握这一技能，以提高攀岩的安全性和可靠性。

五、下降技术

在高校攀岩技术教学中，下降技术是攀岩者必须掌握的重要技能之一。下降技术涉及保护站的设置与下降、给同伴保护后的下降等方面，学生需要系统学习和实践，以确保攀岩活动中的安全性。

第一，保护站的设置与下降。在攀岩过程中，攀登者需要根据攀爬路线的需要，在途中设置保护站，以确保攀登者在下降过程中的安全。保护站的设置包括选择适当的安全锚点、正确固定绳索和下降器，并保证其牢固可靠。学生需要学习如何识别适合设置保护站的位置，如何使用正确的装备进行固定和设置，以及如何检查保护站的可靠性。在下降过程中，攀岩者需要正确地操作下降器，并控制下降速度，以确保安全地回到地面。

第二，给同伴保护后的下降。在攀岩中，攀登者通常会相互给对方提供保护，以确保攀登者在下降过程中的安全。在给同伴保护后的下降中，攀岩者需要学会如何正确地使用下降器，并根据对方的指示和需求进行下降。学生需要学习如何正确地操作下降器，如何根据情况调整下降速度，以及如何与同伴进行有效的沟通和配合。在下降过程中，攀岩者需要随时保持警惕，及时响应同伴的指示，并确保自己和同伴的安全。

在下降过程中，攀岩者需要根据情况调整自己的下降姿势，以确保安全和舒适。下降姿势的调整包括掌握正确的身体姿势、保持平衡和稳定以及根据地形和岩壁的特点进行适当的调整。学生需要学习如何正确地调整身体姿势，如何保持平衡和稳定，以及如何根据实际情况做出适当的反应。通过练习和实践，攀岩者可以逐渐掌握正确的下降姿势，并在下降过程中保持安全和舒适。

为了提高学生的下降技术水平，高校攀岩技术教学通常会组织实践操作和模拟训练。在实践操作中，学生将有机会亲自操作下降器和其他相关装备，实地设置保护站，并进行下降练习。在模拟训练中，学生可以通过模拟场景和虚拟实境进行下降技术的模拟演练，以提高应对紧急情况的能力和技巧。通过实践操作和模拟训练，学生可以更加熟练地掌握下降技术，提高应对各种情况的能力和自信心。

在下降技术教学中，高校应当重点培养学生的安全意识。学生需要认识到攀岩活动的潜在风险，并学会如何预防和应对各种紧急情况。学生需要学习如何正确使用安全装备，如何识别和评估危险因素，以及如何采取有效的措施保护自己和同伴的安全。通过系统的安全教育和实践操作，学生可以逐步培养出良好的安全意识和应对紧急情况的能力，从而提高攀岩活动的安全性和可靠性。

综上所述，高校攀岩教育的技术教学涉及多个方面，包括绳结、装备与装备的连接、攀登技术、保护技术和下降技术。学生在教学中需要系统学习这些技能，并且在实践中不断地加以练习和应用，以确保攀岩过程中的安全和顺利进行。

第四节 高校攀岩运动课程的教学训练开展

一、攀岩运动课程的开课条件

（一）硬件条件

学校攀岩课教学训练要具备一定的条件方能正常进行。攀岩场地、器械装备是课程开设的硬件设施和前提。为了保障教学的安全性，一般均选择在校园内修建人工攀岩场，岩场的规模、风格各异，可根据各个学院的类型、规模、环境、资金投入及校园文化等来做出最适宜的选择。而自然岩场一般不用于正常的攀岩课堂教学，一方面，因为自然岩场的不可控因素较多，很难保证班级教学的安全；另一方面，受教学时间等条件的限制，很难协调野外攀岩课同其他课程之间的冲突。由于攀岩教学场所的特殊性（高空性、危险性），所以对攀岩教学的器材与装备均有十分严格的要求。规定所有的登山、攀岩器材装备都必须具有UIAA或CEN认证，方可使用，并且在使用中要认真做好器材装备的安全检查，一旦发现安全隐患，应及时更换。

（二）软件条件

攀岩师资与合理的班级编组是攀岩教学开展的软件基础。攀岩是具有一定潜在危险性的体育运动，它新颖、独特、刺激、富有挑战性，也更迎合当代学生求异与挑战的心理需求，但由于攀岩运动自身的特殊性，稍有疏忽便会酿成严重的教学事故，因此，它对任课教师的攀登技术与理论的掌握、责任心及组织管理能力等方面有着十分严格的要求，以保障教学训练的安全。攀岩教师必须经过严格正规的专门培训方可担任。目前我国攀岩教师十分缺乏，远远适应不了当前攀岩运动在大中小学的开展。加强各级各类学校、俱乐部攀岩教师、教练员的培训工作是我们全面开设、推广攀岩运动所面临的巨大任务。

攀岩课班级教学不同于其他体育运动项目，因它本身的危险性因素较高、不可控因素较多，给安全教学组织带来一定的压力与困难，因此学生班级人数不宜太多，要控制在一定的范围之内。另外，在教学中，可以根据班级学生的实际情况采用适宜的分组，如一对一两人分组教学等。

二、攀岩运动课程的教学步骤

攀岩运动的人才资源，应该依靠教育，为攀岩运动的可持续发展源源不断地输送人才，提供不竭的动力。攀岩课的基本教学步骤同其他体育课教学一样，一般主要分为以下三个步骤：

第一，制定课程标准。课程标准是进行攀岩课程教学的总体要求，主要包括课程的形式、目的、基本教学要求、教学内容、学时分配、技术评定标准与考核办法等，具有课程教学的目标性与计划性。

第二，编写教学日历。教学日历是每学年、学期课程教学的初步计划，是顺利完成课程标准的保证。

第三，编写教学日志。教学日志是对课程标准与教学日历具体实施，是完成教学任务的基本保证。教学日志可根据教学过程的实际情况及时、适当做出调整。

三、攀岩运动教学训练的原则

（一）循序渐进性原则

循序渐进原则的重点是要注意技术动作学习的难易与运动负荷量的调

节。一方面，攀岩教学训练内容和运动负荷的安排顺序上，应根据学生的实际水平，遵循由易到难，由小到大逐步提高的原则；另一方面，在制定和实施教学训练计划时，应注意合理搭配难度训练、强度训练与调整训练，避免教学训练安排的随意性。

（二）系统性原则

攀岩运动俗称“岩壁上的芭蕾”，攀登者在岩壁上的闪、展、腾、挪、跳跃等，都对其力量、耐力、柔韧、协调、灵敏和心智等运动素质要求较高。在日常练习中，必须注意训练的系统性，严格控制不同阶段训练任务与内容安排的合理性与前后衔接。

（三）课程设置的合理性原则

一般认为，一位教师的班级教学人数在20～30人，最为安全，而30～40人左右的班级，应该合理安排两名教师同堂授课。对于普修的学生，一般安排30～40学时较为适宜；而专业学生可安排60学时。普修班级的学生主要掌握基本攀登技术、垂降或下降技术、保护技术、器械的规范操作技术及保护点的设置技术和身体素质训练。而专修班的学生应增加先锋攀登技术、先锋保护技术、教学方法与手段以及战术训练。

（四）区别对待原则

攀岩教学训练中，由于每个学生的身体、心理、智力等方面都有着不同的差异，因此每个学生的承受能力、恢复能力及对技术的掌握与理解等也就各有不同，要使教学训练科学化就要考虑针对不同类型的学生制定不同的教学训练计划，做到区别对待。

（五）注意动态原理的运用原则

在攀登教学训练中，无论是基本攀登技术的教学、攀登技巧的运用，还是攀登者的体能训练等，都不是一成不变的，而是一个动态的过程。因此攀登教学训练过程要有一定的弹性，在制定教学训练计划、负荷的安排与调控以及基本技术的掌握与运用等，都要在一个动态的过程中进行。

（六）注意运用反馈原则

攀登课的教学训练中，要注意两个方面的反馈：①在教学训练过程中，要注意收集每个学生反馈的训练信息，以便合理修订教学训练计划；②根据岩场支点与造型的千变万化以及学生的身体、心理状况，设计出更能反映攀岩运动和动作技术学习规律的教学训练方式，进一步提高教学训练效果。

第五节 高校攀岩运动中的安全保护技术实践

攀岩作为一项高危运动，具有一定的危险性，安全是攀岩运动中不可忽视的问题，它直接关系到攀登者的安全，甚至严重影响到当地攀岩运动的开展。[①]为了确保参与者的安全，必须严格遵守相关的装备认证和操作规范。首先，攀岩装备必须通过权威机构的认证，确保其符合国际安全标准，并具有足够的质量和可靠性。这包括攀岩绳索、保护器、头盔、下降器等各种装备，其认证标志是参与者选择装备的重要依据之一。其次，攀岩操作必须严格按照规范进行，包括正确设置保护站、正确使用装备、正确执行攀岩动作等。参与者应接受系统的培训和指导，熟悉操作规程，并严格遵守相关的安全流程和操作步骤。只有通过认证的装备和规范的操作，才能最大程度地保障参与者的安全，让攀岩活动更加安全可靠。因此，攀岩者在参与活动前务必对装备进行认真检查，并且在攀登过程中始终保持警惕，严格按照规范操作，以确保自身和同伴的安全。

保护是攀岩运动得以安全进行的基本要素，是确保者（保护者）运用攀岩绳索来制止攀登者坠落的一套系统，又称为保护系统。良好的保护可以

①边志勇，樊海峰．攀岩运动中的安全防护技术[J]. 河北体育学院学报，2007(1).

安全地控制坠落者所产生的巨大力量,确保攀登者发生坠落时的安全,但保护技术必须勤加练习才能熟练操作。

保护系统最简单的形式是用一条攀岩绳索来连接一个攀登者和一个保护者。该保护系统有三大要件:一是把控制攀岩者坠落的力量施予绳索的方法,即保护方法;二是良好的保护位置和姿势及牢靠的保护固定点;三是技术熟练的保护者。

一、攀岩运动的安全保护技术

保护既是一门科学也是一项艺术。优秀的保护者,不但能保护攀登者的安全,而且能使攀登者更容易攀登。在良好的保护系统中,通过绳索、保护者及其他系统的合理正确配置,使绳子可以顺畅地到达攀登者。在攀登者需要给绳或收紧时,保护者能够及时合理地完成给绳或收绳动作。保护系统中的保护器可以直接连接到保护固定点或保护者身上。如果保护采取用保护固定点直接保护,那么保护固定点就必须可以防止来自各个方向的力量。不过通常所采用的保护都是间接保护,因为保护者的身体可以吸收一部分冲击力量,从而减少了对保护固定点的直接受力,但是保护者也可能受到猛烈的惊吓,甚至也可能被瞬间的坠落拉倒。保护时要注意以下五点:

第一,确保攀登时绳子运作顺畅。要求保护者在开始攀登之前,把绳子从头至尾理顺一遍,使绳子依序叠放在地面,然后让攀登者可以很顺畅地以先锋攀登的方式把绳子依序带到岩壁上。

第二,确保制动手能很充分地移动到制动位置。

第三,充分做好保护准备动作,同时保护者也必须面对攀登者所要攀爬的方向。

第四,攀登前,必须注意将保护者身边多余的绳子的尾端绑在保护者身上,或绑在牢靠的保护固定点上,或至少要在绳子的尾端打一个防脱绳结,这无论是在多绳距攀登还是在单一绳距攀登的地面上操作都是十分重要的。

第五,保护者和攀登者要随时保持沟通,能够了解对方在想什么,想要如何往下走。

(一)基本保护技术

保护技术是指为了防止在攀登过程中因动作失误而引起意外险情时,所使用的各种规范保护操作技术,是攀登者必须掌握的基本技术之一,也是攀岩专业技术的重要组成部分。

攀登者是在保护系统中,由保护者通过绳索给予的保护下进行攀登的。绳子的一端通过有锁主锁或直接连接在攀爬者的安全带上,另一端则穿过与保护者安全带相连的主锁和保护器,并固定在保护固定点上。在先锋攀登时还要不断将绳子扣入一个或多个中间保护支点上的主锁内(即快挂扣内)。保护者在攀登者攀爬时,不断给绳或收绳,在失手或发生坠落时要拉紧绳子合理及时地制止坠落。

1.保护方法

保护方法按照保护固定支点的相对位置,可以分为上方保护法和下方保护法两种方式。

(1)上方保护。攀登运动上方保护的五步法,也称为法式保护法,是一种重要的保护方法,适用于训练和初学者攀爬。

第一,准备姿势:左手(导向手)抓保护绳上端绳子,抓握位置以能伸直左臂为宜(尽量抓远些)。右手(制动手)握保护器下端的绳子,手尽量靠近保护器,但不能贴住保护器,以免受力时被掩进保护器,这样能多收绳子,提高效率。双手均以虎口抓握绳子,便于用力。

第二,左手手心向上、右手手心向下,分别握紧主绳。左手向下拉绳子的同时,右手向上拉绳子。

第三,右手握紧绳子由胸前回放到右大腿外侧。

第四,左手移至右手上方,手心向下握紧绳子。

第五,右手移至左手上方,然后还原至第一步,至此完成一个周期。

在实际操作中,攀登者需要不断重复这五个步骤,确保在攀爬过程中始终受到保护。同时,也需要注意安全,避免因为操作不当而导致意外发生。

此外,攀登运动上方保护的五步法也需要与其他安全装备和技巧结合使用,例如使用安全带、头盔、攀岩鞋等,以及掌握正确的攀爬姿势和呼吸方法。只有综合考虑各种因素,才能确保攀登运动的安全和顺利进行。

(2)下方保护。下方保护是指保护支点(固定点)位于攀登者下方的保护方式,与之相对应的攀登方式为先锋攀登。要求攀登者在攀爬过程中,不断把保护绳索扣入中间保护支点的主锁内(即快挂扣内)。当然中间保护支点可以是预先设置好的,也可以是在攀爬过程中临时架设的。下方保护是先锋攀登唯一可行的安全保护方法,也是国际比赛中规定的保护方法。下方保护法要求保护者要使绳索保持适当的松紧度,并随着攀登者的上升迅速地送绳,且不能影响攀登者的攀爬和抽绳动作。在攀登者发生意外时,保护者要在冲坠到接近最低点绳索将要被拉紧时,迅速地跳起以缓冲攀爬者下坠的力量,防止其腰部受伤。

下方保护动作要领包括:①尽量使保护者处在固定点与拉力方向所形成的直线上;②制动手决不可离开制动绳端;③给绳松紧适度,确保攀登者用绳顺畅;④在攀登者停止活动时,可以做出制动动作。

下方保护注意事项包括:①攀登开始前,必须相互仔细检查;②起步时保护者要站在攀爬者下方,张开双手保护,防止一开始就发生脱落;③保护者要集中精力,密切关注攀爬者的行动,力求有一定的预见性;④保护过程中,制动手始终握住绳子制动端;⑤选择最佳的保护位置和姿势;⑥保护者双手协调配合,根据需要及时给绳、收绳,并保持绳子松紧适度、顺畅;⑦发生突然坠落时,要注意缓冲;⑧当攀登者处于或可能处于危险状态时,要及时给予提醒。

2.保护手法

在保护系统中,保护者握住连接攀登者一端绳段的手称为导向手,主要用来收进或拉出绳子;而另一只手则称为制动手,用来抓握住绳子的制动端,并随时准备制止攀登者的坠落。保护者要能对攀登者的移动和要求具有预见性,在其上攀或把绳子扣入中间保护支点时,能及时给出绳子或在突然坠落时能及时收紧绳子。

攀岩中的保护主要有个人保护和双人及多人组合保护两种。个人保护技术是最基本的保护技术,保护者的基本手法主要有美式和法式两种,根据其具体操作步骤简称为"五步保护法"。组合保护技术多用于集体教学中,即由一名主保者和一名或多名辅保者共同保护攀登者的安全。

(1)美式保护手法。美式保护手法要求制动手始终不可离开制动绳段,具体操作步骤如下:

第一步,两只手均抓握住绳子,制动手靠近保护者的身体,导向手向前伸展。

第二步,利用双手拉进绳子,导向手握住活动绳段向保护者身体方向回收,同时制动手握住制动绳段把绳子从保护者的身体朝外拉出。

第三步,接着将导向手划向前,超过制动手并抓握住两绳段。

第四步,随后将制动手滑向身体制动。

第五步,导向手放开制动手抓握的制动绳段,恢复开始姿势,重复上述动作步骤进行确保。

(2)法式保护手法。法式保护手法是目前我国普遍采用的保护手法。

第一步,利用双手拉进绳子,导向手握住活动绳段向保护者身体方向回收,同时制动手从保护者的身体朝外拉出。

第二步,接第一步,制动手将拉出的绳子迅速折放于髋关节处,手心向内。

第三步,导向手从保护装置下方绕过保护装置,在制动手前面抓握住制动绳段。

第四步，制动手松开绳子，并迅速抓握住左手前的制动绳段。

第五步，导向手回到与攀登者相连接的活动绳段，恢复预备姿势，并重复上述动作步骤进行确保。

（二）保护器保护

利用保护器进行保护主要是通过将绳索穿过保护器的孔隙、环绕支柱并再次穿过孔隙来增大保护者制动手的摩擦力来进行保护的方法。支柱通常为有锁主锁或保护器本身的一部分。除自锁型保护器之外，大部分保护器都是通过制动手抓握住制动绳段产生摩擦力来进行确保。保护者在止住坠落时，施加于绳子的总摩擦力主要取决于三个方面：一是保护者制动手抓握绳子力量的大小；二是保护器或保护方法折弯或缠绕绳子的次数；三是绳子本身抗拒折弯或变形的力量大小。

在发生坠落时，为了止住坠落，保护者必须把制动手向身体方向折弯制动绳段，并使制动绳段与活动绳段（连接攀登者方向的绳段）之间，形成至少90°的角度，并且绳子折弯的角度越大，所产生的摩擦力也就越大。当两绳段间的角度接近0°时，摩擦力很小，此时保护者可以很容易地根据攀登者的需要给绳或收绳；当角度大于0°时将会不断增加摩擦力；当绳子折弯的角度增加到90°至180°时，产生的制动力就会越来越大，180°时产生最大摩擦力，从而可以安全地止住坠落。

（三）意大利半扣保护

利用意大利半扣进行保护，只需要绳子、梨形主锁和意大利半扣绳结便可产生足够的制动摩擦力止住坠落。意大利半扣因其缠绕梨形主锁的特殊方式，使得活动端绳段与制动端绳段平行时（即0°角度）才能产生最大摩擦力，因此它是攀岩运动中唯一的一种不需要考虑制动绳段的弯折角度，而仍能产生足够的摩擦制动力止住坠落的传统保护方式。

意大利半扣保护的优点包括：①意大利半扣保护与其他任何保护器保护相比，无论制动端绳段与活动端绳段成任何角度都可以产生较大的摩擦制动力；②在坠落发生在保护者意料之外时，意大利半扣仍能有效止住坠落；③意大利半扣保护所需装备简单，除了梨形丝扣铁锁（主锁）外不需要其他任何特殊装备；④制动手向前实施制动，便于操作；⑤在紧急救援中很有用。

意大利半扣保护的缺点包括：①同其他保护器保护相比，意大利半扣经常使用绳子易扭曲不畅，不易打理；②意大利半扣不适合垂降保护，因为它会使绳子发生纠结；③绳子之间互相摩擦。

（四）坐式保护

坐式保护法又称为身体保护法，主要是利用绳索缠绕保护者的身体以产生足够制动摩擦力来止住坠落的保护方法。在坐式保护系统中，要求保护者连接到一个牢靠的保护固定点上；绳子从保护者髋部上缘的下方位置，绕过其背部与身体两侧，然后通向攀登者；在发生坠落时，制动手臂伸长将绳子迅速横拉过胃部以产生更大的摩擦力来止住坠落。

坐式保护法的优点包括：①坐式保护法与其他保护法相比，可以在需要最少装备的情况下快速建立保护系统；②坐式保护法可以让保护者更快地收绳。

坐式保护法的缺点包括：①由于坠落时会在保护者身体上产生摩擦力，因此在发生严重坠落时保护者可能会被绳子的摩擦严重烫伤；②同其他保护法相比，制动手在坐式保护法中，必须提供更高比例的摩擦力；③如果攀岩绳穿过连接保护固定点的连接物，则在坠落时该连接物也有可能会被烧坏。

坐式保护法使用注意事项包括：①在制止坠落时，先把制动手的手肘伸直，然后再抓紧制动端绳子，把制动手臂横拉过身体前方尾部，加大绳子缠绕程度以产生最大的制动摩擦力。②如果身体和保护固定点连接，要把连接固定点系统的绳子放在活动手端方向。如果连接固定点的绳子与制动手在身体的同一侧，则坠落的力量便可能会将缠绕身体的绳子部分解开，从而减少了制动摩擦力及保护稳定性。③保护者要把一个控制主锁扣在髋骨前的安全带上，然后将活动端绳子扣进控制主锁，以便使活动端绳子可以保持在保护者髋部前的一定位置，同时也可以对抗身体可能产生的旋转。

二、攀岩运动的保护固定点

在攀岩保护系统中，攀岩绳子一端连接着攀登者，另一端连接着保护者，而固定点则将攀登者和保护者连接到岩壁上。攀登前保护者先连接在固定点上，先锋攀登者一边攀登一边架设中间固定支点（或事先架设好），然后将绳子扣入中间固定点上的主锁内进行确保。保护固定点可以是天然的岩石突出物、足够粗壮的树木以及人工架设的固定点。

值得注意的是：架设1个固定点，只适用于人工岩壁（条状）的攀登；架设2个独立受力的固定点，适用人工岩壁（点状）的攀登及用膨胀锥或大树做固定点攀登；当使用岩锥、机械塞、岩楔等利用岩壁裂缝制作固定点时，3～4个固定点一起受力才安全。

（一）天然固定点

树木和岩石是较好的天然固定点，比人工固定点更受欢迎，因为它们不但可以快速架设而且还可以节省装备的使用。天然固定点在架设前，必须遵循“先测试，再信赖”的原则，要慎重评估其稳固性和承受能力。

1.岩石固定点

岩石固定点主要有岩角、岩柱、岩洞、两块巨石之间的接触点及底部平整的大石块等。在架设固定点时，一定要先评估可能产生的拉力及岩石地形的稳定程度。岩石的大小、底部形状、地形状况、位置坡度及高宽比例和重心等都是评估中所要考虑的主要因素。

2.树木固定点

树木和大的灌木丛是最明显的固定点。一棵晃动的或看来十分脆弱的小树或矮灌木是不能架设固定点的，要尽量寻找树干粗而健康的活树，并检查是否有绿叶或根部是否足够稳固。最好把固定点架设在一根足够粗壮的树枝上，这样不但可以避免绳子因太接近地面而磨损，而且还能减少落石的可能性；但是这样也会产生更大的杠杆作用而增加树被连根拔起的可能性，所以此类架设要求树枝要足够稳固，否则就架设在树干低处。在使用灌木做固定点时，如果想用一棵灌木架设固定点，那么最好要多架设几个固定点以确保固定点安全牢固。

（二）人工固定点

人工固定点，是指利用膨胀铆钉、岩钉、岩械等在岩壁上人为架设的永久性或可拆卸的保护固定点。在使用人工固定点时，最好要架设三个以上，并将拉力平均分散在每个固定点上。

1.永久性固定点

膨胀铆钉、岩钉是最常见的永久性人工固定点。膨胀铆钉常使用在运动攀登的岩壁上，有时在传统攀登和人工攀登的路线上也可以使用。膨胀铆钉上的挂片（耳片或挂耳）可以用来挂上主锁连接攀岩保护系统。岩钉是20世纪70年代北美常用的固定点，但是由于敲打或移除岩钉会破坏岩壁，所以目前已很少有人使用。岩钉最为理想的架设方式是将钉身整个打入岩石，岩钉靠近岩石并与受力方向垂直。

2.可拆除式固定点

可拆除式固定点又称为岩械，包含各种除膨胀铆钉和岩钉以外的人工固定点。岩械是一种可以放入岩壁裂缝中起固定作用的金属材料，它的一端附有绳环或钢环可与攀岩绳索相连接。可拆除式固定点包括没有弹簧的被动式固定支点和有弹簧的主动式固定支点两种。

(1)被动式固定支点。

被动式固定支点没有弹簧滑动装置,仅由一片金属构成,一端附有绳环或钢环来连接攀岩绳索,使用时将其放入岩壁狭小处卡住。被动式岩械的形状大小不一,绝大多数为楔形。大部分的楔形岩械和一些六角形的岩械都附有钢环,而大型的岩械常钻有孔眼,以便安装时根据需要绑上绳环。

(2)主动式固定支点。

主动式固定支点附有弹簧装置,主要有弹簧型凸轮岩械和弹簧型岩楔。弹簧型凸轮岩械的基本结构是利用一到两个轴,把三或四片可动的凸轮连接到柄杆上的拉柄上;而弹簧型岩楔主要是利用一片可以滑动的金属片来扩张体积,卡在裂隙里。

(三)连接固定点

主锁和带环是连接保护者与固定点最常用的装备。将保护者与固定点连接,最简单的方法是把绳子直接连接到保护者的安全带上,可以先将带环连接到固定点上,然后再用主锁连接到安全带。在连接固定点时,通常使用一个有锁主锁或使用两个上下对称,且开口方向相反的无锁主锁。

(四)均分各固定点受力

平均分配各个固定点受力的方法主要有自动均摊法和静力分摊法两种。

第一,自动均摊法,是指自动将受力均摊于各个固定点的方法,由于该方法在使用时受许多因素限制,目前已很少有人使用。

第二,静力分摊法,是目前调整各保护固定点受力比较好的方法。静力分摊法最简单的形式是将两条带环各自连接到两个固定点上,再用有锁主锁将其扣在一起。要注意的是:两条带环的长度要相等才能平均分散拉力,并且两带环所形成的夹角必须小于90°。还有一种是利用绳环的静力分摊法:首先将绳环依次扣进三个固定点(以均分力量于三个固定点为例),其次将固定点间的三个绳段下拉在一起，使其受力均匀，然后把三个绳段用单结或8字结编织在一起，最后再把主锁扣入尾端绳环内。

影响各固定点受力平均分配的主要因素：无论是自动均摊法还是静力分摊法，影响平均分散力量于各固定点的主要因素都是连接固定点的带环间所形成的角度。角度越小，各个固定点受力越小；随着角度的增大，各个固定点受力也随之增大。另外，对于两点静力分摊固定点系统来说，如果下拉力的方向能够均分夹角，则拉力可以被平均分散于两个固定点；如果下拉力的方向不能均分交角，则与拉力方向平行的固定点的受力会较大。

参考文献

[1]边志勇，樊海峰.攀岩运动中的安全防护技术[J].河北体育学院学报，2007,21(1):63-64.

[2]陈江沄.高校开展极限飞盘运动的意义探析[J].农家参谋，2018(08):183.

[3]陈克.高校定向运动选项课教学的“微”时代创新应用[J].广州体育学院学报，2016,36(4):126-128.

[4]陈为群.高校校园定向运动教学场地资源开发研究[J].福建师范大学学报(自然科学版)，2013,29(1):115-119.

[5]陈远鸿，霍志军.高校定向运动发展分析[J].体育文化导刊，2011(2):68-69,81.

[6]程立.高校GPS定向运动的开展研究[J].成都体育学院学报，2013,39(8):86-89.

[7]邓强松.户外拓展训练在高校体育教学中的价值体现及实施研究[J].当代体育科技，2020,10(06):26-27.

[8]段辉巧.应用型本科高校户外拓展训练课程建设与开发研究[J].当代体育科技，2019,9(05):159-161.

[9]范文广.浅谈高校体育教学中野外生存训练课的开展探索[J].体育风尚，2019(09):71.

[10]冯道光.攀岩运动研究[J].体育文化导刊，2015(1):51-54.

[11]冯鑫蕊.高校户外拓展训练发展过程中存在的问题与应对策略研究[J].当代体育科技，2018,8(03):26+28.

[12]胡盟盟.试析户外拓展游戏在高校体育中的运用价值[J].文体用品与科技，2020(15):175-176.

[13]胡敏.户外极限运动与运动营养补充——以攀岩运动为案例[J].网络财富,2010(05):160.

[14]黄多,林玲.高校户外拓展课程教学安全规范研究[J].上饶师范学院学报,2019,39(06):79-86.

[15]兰大卫.我国高校户外运动发展浅谈[J].当代体育科技,2015,5(27):231-232.

[16]李丽.户外拓展进入高校公共体育课程的紧迫性和必要性探述[J].当代体育科技,2022,12(17):178-181.

[17]李帅许.户外拓展训练理念下高校体育教学模式改革分析[J].运动,2015(12):105-106.

[18]刘明.普通高校户外拓展发展现状及对策研究[J].文体用品与科技,2018(02):63-64.

[19]苗绿峰.户外拓展运动在高校开展的可行性分析[J].文体用品与科技,2015(10):50.

[20]倪秋月,许昌勇.户外拓展训练引入高校体育教学的研究分析[J].青少年体育,2016(07):123-124+16.

[21]屈秦沁,杨兴刚.户外运动类课程体系构建研究[J].拳击与格斗,2020(22):81.

[22]石通宏.浅谈户外拓展训练与高校公共体育教学的结合[J].当代体育科技,2015,5(34):43-44.

[23]孙辉.我国高校户外运动发展研究[J].体育文化导刊,2014(3):138-141.

[25]万忠玉,王琴.四川省普通高校定向运动的现状研究[J].大家,2010(11):117-118.

[25]文沫霏.山地户外运动风险防范机制构建与对策研究[J].体育风尚,2021(07):247.

[26]吴谦峰.高校户外运动可行性与必要性研究[J].内江科技,2011,32(9):63-63,89.

[27]吴云兰,赵娟.我国定向运动竞赛训练现状分析[J].卷宗,2020,10(19):296.

[28]徐良.江苏高校定向运动开展现状研究[J].安徽体育科技,2019,40(03):77.

[29]叶平.高校户外运动管理的研究——拓展训练的发展及管理[J].当代体育科技,2015,5(18):42-43.

[30]张斌彬,李晓雷,王晶.体验式教学 高校户外运动教学与实践研究[M].应急管理出版社,2019.

[31]张博.攀岩运动可持续发展研究[J].当代体育科技,2014(8):164-164,166.

[32]赵赟.户外拓展训练对高校学生骨干团队能力提升的探析[J].运动,2016(22):82-83.

[33]赵赟.应用型本科高校户外拓展训练课程建设与开发研究[J].现代职业教育,2021(36):188-189.

[34]庄卓鸿.户外运动对大学生领导力提升的实证研究[D].广州:广州体育学院,2022:67.

[35]王宏磊.拓展训练在大连市高校体育中的推广路径研究[D].大连:辽宁师范大学,2019:12-17.

[36]李纲,张斌彬,李晓雷.高校户外拓展运动教学与心理拓展实践[M].郑州:黄河水利出版社,2019.

[37]孙永生.户外运动[M].沈阳:辽宁人民出版社,2023.

[38]沈永金.户外运动[M].昆明:云南大学出版社,2013.

[39]王来东,齐春燕.户外运动与拓展训练理论与方法[M].北京:中国书籍出版社,2019.